El amor no está muriendo…

Siempre ha estado muerto

Escrito por Alexander Oliveros

Editado por Ben Leach

Traducido por Iliana Gilliland

ISBN: 979-8-9992891-2-4

ISBN Ebook: 979-8-9992891-3-1

Editado por Ben Leach

Traducido por Iliana Gilliland

Portada de Alexander Oliveros

Publicado por

Enter the Speedforce
2229 Peachtree Cir
Chula Vista, CA 91915

Primera edición
Julio del año 2025

https://alexoliveros01.wixsite.com/alex-oliveros

A mis padres,

Quienes siempre me han querido y apoyado

Introducción

Hemos visto en los últimos años, especialmente en la era posterior al COVID y en los adultos jóvenes, una tendencia creciente a no buscar relaciones románticas. Esto no aplica únicamente a la búsqueda de parejas comprometidas y estables, sino también a parejas ocasionales o casuales. En el 2023, el Pew Research Center informó que aproximadamente seis de cada diez personas solteras no están en una relación estable, ni están buscando una cita romántica. Para muchos, esto puede sonar bastante alarmante. Las generaciones mayores temen que las generaciones futuras no tengan lo oportunidad de compartir procesos vitales de las relaciones humanas, los cuales son una parte muy importante del desarrollo personal. A menudo escuchamos de quienes en generaciones más jóvenes aún están interesados en el romance, expresiones como: "El romance está muriendo" o "La caballerosidad está muerta." "Si las relaciones volvieran a ser como antes las cosas serían mejor". Aunque entiendo estas preocupaciones, sostengo que el amor nunca ha florecido como la gente dice. El amor no está muriendo. ¡No, el amor siempre ha estado muerto!

En este libro me gustaría explorar el panorama moderno del romance, y analizar siglos de historia que son la base de los conceptos que tenemos y de cómo lo vivimos en la actualidad (2025, si lees este libro en un futuro lejano). Voy a reseñar esto desde una perspectiva católica y voy a usar las relaciones heterosexuales como mi principal ejemplo, pero espero que puedas sacar algún provecho de este libro independientemente de tu formación o de tu visión personal. Este no es un libro de autoayuda, al menos no en el sentido tradicional, ni es mi intención tener todas las respuestas, ya que cada persona es diferente y, por lo tanto, tendrá una forma distinta de encontrar la paz. Escribo este libro desde la perspectiva de un joven que siempre ha estado soltero. Algunas personas podrían pensar que entonces no debería hablar de este tema en lo absoluto, pero como dijo Fink de Wild Robot, "cuando creces sin algo, pasas mucho tiempo pensando en ello." También quiero empezar diciendo que no te culpo si has vivido alguna de las situaciones de las que hablaré. Este es un problema social amplio que afecta a cada persona de manera diferente, y la forma como cada individuo lo gestiona es muy personal. No conozco tus luchas ni tu historia de vida, pero espero que mis puntos de vista puedan ser un consuelo para ti, especialmente si te sientes desesperanzado en la búsqueda del amor. Dicho esto, los siguientes son los temas principales que voy a tratar:

Si ya has llegado hasta aquí, quiero darte las gracias por escoger este libro y por leerlo. ¡Significa mucho para mí! He pasado por muchas dificultades al tratar de iniciar relaciones románticas y sentí el llamado a escribir sobre mi experiencia para tratar de ayudar a alguien más a enfrentar luchas similares. Como comentaré más adelante, existen muchos programas depredadores diseñados para aprovecharse de personas desesperadas por encontrar el amor. Algunos de ellos son estafas evidentes, otros son normalizados socialmente. Escribir esto fue extremadamente terapéutico, así que, sin importar cuantas personas lo lean, quiero darles las gracias de nuevo por permitirme hablar sobre el amor.

Capítulo 1: El Defecto del Rompecabezas

Hace muchos años, vi el segmento de una comedia que nunca olvidaré en un especial de Netflix llamado "Jigsaw", presentado por Daniel Sloss. En él, Daniel habla sobre una pregunta que le hizo a su padre cuando era joven: "¿Qué es la vida?" Su padre le respondió comparando la vida con un rompecabezas y dijo: "cada persona está creando su propio rompecabezas, cada pieza representa diferentes experiencias de la vida. El objetivo, por supuesto, es completarlo, pero lo interesante es que nadie sabe cuál es la imagen final, por lo que, en el proceso, tenemos que averiguar dónde van todas las piezas. La forma más sensata de empezar es colocando las piezas de las esquinas. Las otras piezas forman cosas como la familia, los pasatiempos, la carrera profesional, etc. Todas estas experiencias empiezan a moldear quién eres". El joven Daniel entonces le preguntó a su padre: "¿Y qué se supone que hay en el centro?" Y su padre respondió: "esa pieza representa a la pareja". Según esta analogía, cada uno de nosotros está destinado a estar con alguien, a estar con su alma gemela. El rompecabezas estará completo una vez que encontremos a esa persona y vivamos con ella felizmente por el resto de nuestras vidas. Suena genial, ¿no?

Daniel aprendió pronto que esta era una forma extremadamente dañina de afrontar la vida. La analogía implica que sin la pieza que representa a la Pareja —sin nuestra alma gemela— somos imperfectos. Nos han dicho que "sin alguien más en tu vida estás incompleto, estás roto. Si estás solo, no estás completo". Bajo esta premisa, algunos de ustedes podrían pensar que el padre de Daniel hizo un trabajo terrible explicándole el concepto de la vida y el romance, pero, desafortunadamente, ese concepto es una creencia muy común. Nuestra sociedad nos dice exactamente eso todo el tiempo, y no solamente en lo referente a las relaciones románticas permanentes y estables, sino también cuando hablamos de otras cosas, porque nos hacen creer que la única forma de ser felices es si tenemos suficiente dinero, si estamos en una relación, si tenemos a los amigos adecuados, si tenemos suficiente sexo, si tenemos todo el poder del mundo, etc. Como dice Daniel, "Hemos idealizado la idea del romance, y esta es cancerígena. "Este defecto inherente es el centro de todo lo que voy a tratar aquí. Necesitar algo o a alguien más para que nos haga felices pareciera ser inevitablemente un callejón sin salida. Si perdemos nuestros empleos, o los amigos se van, o nuestros seres queridos mueren, o la gente cambia, entonces el amor también desaparece. Al tener la mentalidad de que necesitamos una pareja para ser felices, creemos intrínsecamente que necesitamos a alguien o algo más para alcanzar la felicidad. Más dinero, más poder, más amigos, más músculos, más intimidad, más, mas, más. Este es el camino hacia el Lado Oscuro. Nos consumimos tanto con lo que *necesitamos,* que olvidamos las necesidades de los demás. Nuestra meta se convierte en tomar todo cuanto sea posible, y esto inevitablemente conduce a la destrucción física y mental. Aunque este libro trata específicamente sobre situaciones románticas, en realidad, casi todas las atrocidades cometidas nos llevan de vuelta al simple deseo de encontrar "lo que nos complementa" ya que la mayoría de las cosas en este planeta son una forma insuficiente de encontrar la paz.

Se que lo que digo aquí suena extremadamente nihilista. Durante muchos años viví con esta analogía del rompecabezas en mi mente. Por una u otra razón, nunca he podido tener una relación romántica. Quizá fui demasiado torpe, quizá no fui lo suficientemente arriesgado, quizá alguien llegó a sentir algo por mí y no me di cuenta, o quizá simplemente no era el momento adecuado.

Constantemente veía a otras personas en relaciones, en la vida real, en las películas, en las redes sociales, y siempre escuchaba decir que *necesitaba* tener pareja para ser feliz. Un matrimonio feliz es el objetivo final, y cuanto más tiempo gastes en su búsqueda, mayores son las probabilidades de no encontrarlo y de morir triste y solo. He intentado "cambiarme para obtener resultados", y he intentado diferentes métodos para tratar de estar en una relación. Lamentablemente, admito que esto casi me lleva a la "madriguera de conejo" que puede significar ser parte de la cultura Incel, o el celibato involuntario, y confieso que hasta llegue a pensar cosas horribles sobre las mujeres. Por mucho que intentara, por mucho que cambiara mi enfoque o mi actitud, nada parecía funcionar. Después de intentarlo todo, llegué a la conclusión de que había algo intrínsecamente mal en mí. Se podrán imaginar lo peligroso de esa conclusión. Tengo suerte de no haber estado nunca tan desesperanzado como para querer hacerme daño a mí mismo o a los demás, pero me temo que otros no han tenido tanta suerte y, debido a esto, han tenido un final trágico. Desgraciadamente, ha habido varios tiroteos que han surgido de esta desesperación. Destacan especialmente los tiroteos del 2009 y del 2014 cometidos por George Sodini y Eliot Rodger respectivamente. ¿Hay algo que podamos hacer para solucionar esto? ¿Simplemente le decimos a la gente que "aguante" y siga adelante? ¿Cuántas tragedias más tienen que ocurrir antes de que ya no podamos ignorarlas? Algo tiene que cambiar.

Daniel Sloss, da una respuesta en su programa: primero debemos amarnos a nosotros mismos. "Tienes que aprender a quererte a ti mismo o dependerás de que alguien más lo haga por ti." Esto puede sonar egoísta, sin embargo, quererte a ti mismo no significa que te entregues a los placeres mundanos, significa mirarte al espejo, reconocer tus defectos y aceptarte tal y como eres. Todos somos personas rotas, hay cosas tanto en nuestro pasado como en el presente que no podemos cambiar, pero cuando aprendemos a vernos a nosotros mismos y a ser felices con lo que somos y con lo que tenemos, aprendemos a amar a los demás y al mundo. Por supuesto que siempre deberíamos esforzarnos por ser mejores, pero también deberíamos entender que no existen ni una persona ni una vida perfectas. Si no podemos sentirnos cómodos estando solos, entonces estamos obligando a otra persona a solucionar los problemas que tenemos en la vida y que no podemos resolver por nosotros mismos. En lugar de trabajar por nuestra propia felicidad, hacemos de otra persona nuestra ancla. Si empezamos a depender demasiado de esa ancla, haremos todo lo posible para asegurarnos de que esta nunca se vaya. Este es un gran dilema con el que he luchado durante muchos años y el que aun intento superar. Me hicieron creer que al tener novia o tener suficientes encuentros sexuales, *entonces, dejaría* de sentirme solo. Pero me he dado cuenta de que seguir por ese camino nunca me haría sentir realizado porque estaba buscando una forma insuficiente de amor y de validación. Cuando me miré por primera vez y vi realmente todo de mí, fue entonces cuando empecé a sanarme. No necesito una novia para ser feliz, no necesito de ese abrazo para sentirme satisfecho. Mientras trabaje en mí mismo y haga lo mejor que pueda en las situaciones que se me presenten, estaré bien.

La perspectiva cristiana nos pide dar un paso más allá. La analogía del rompecabezas es correcta en cierto modo ya que todos estamos incompletos y hay un vacío dentro de nosotros que continuamente buscamos llenar. El filósofo

Blaise Pascal[1] da una buena respuesta a esto.

> ¿Qué otra cosa proclama este anhelo y esta impotencia, sino el hecho de que alguna vez hubo en la humanidad una verdadera felicidad, de la que lo único que queda son las huellas y el vacío? Un vacío que intentamos en vano llenar con todo lo que nos rodea, buscando en lo que no existe la ayuda que podemos encontrar en lo que realmente existe, ya que este abismo infinito solo puede llenarse con un algo infinito e inmutable, en otras palabras, con el propio Dios.

Una interpretación más moderna, y que me gusta un poco más, dice: "Hay un vacío en forma de Dios en el corazón de cada hombre que no puede ser llenado por ninguna cosa creada, sino solo por Dios, el Creador, dado a conocer a través de Jesús."

¿Entonces cómo funciona exactamente esto? Busquemos ayuda en las Escrituras. El Libro del Génesis nos cuenta la historia de Adán y Eva. Al principio, cuando Dios hizo los cielos y la tierra, nos creó a su imagen. El Jardín del Edén era un paraíso, un lugar para que Dios y el hombre estuvieran en perfecta unidad. No había sufrimiento, ni dolor, ni pérdida. Solo había armonía con Dios. Sin embargo, debido a nuestra arrogancia y a nuestro deseo de convertirnos en dioses por nuestros propios medios, comimos de la manzana del Árbol Prohibido, perdimos nuestra inocencia, y sabiendo lo que está bien y lo que está mal, elegimos lo que está mal pensando solo en nuestro propio beneficio. Esto nos separó de Dios. Temiendo que nuestra caída fuera

---

1. Nota de *Pascal's Pensées*, Section VII, 425.

permanente si comíamos del Árbol de la Vida Eterna, Dios nos desterró del Jardín del Paraíso, y nos empujó al mundo desordenado que nosotros mismos creamos.

Independientemente de que creas o no que esto ocurrió, ese no es el punto de la historia. La humanidad elige constantemente el egoísmo y la oscuridad. Por esa separación de Dios, estamos rotos, por eso el amor siempre estuvo muerto. Debido a nuestros defectos, no somos capaces de amar perfectamente y siempre estamos en conflicto con nuestro yo más oscuro que es esa parte de nosotros que quiere el control, esa parte que solo se preocupa por sí misma. En todas las épocas, el amor ha sido retorcido y distorsionado para beneficio de los poderosos. Incluso las personas con buenas intenciones, no podemos amar plenamente porque hemos crecido en un mundo que nos ha enseñado a ser egoístas. Desde el momento en que Adán y Eva comieron del Fruto Prohibido, nuestra capacidad de amar murió.

Pero como Dios nos ama, tenía un plan para salvarnos. La historia del Antiguo Testamento no es otra que la historia de Dios preparando al mundo para su plan de rescate, el cual finalmente se cumple en Jesucristo. Para completar la analogía de Jigsaw, Cristo es esa pieza del rompecabezas que representa a la pareja. Dios es Amor. El padre de Daniel tenía razón al decir que el amor completa el rompecabezas, pero este nunca podrá ser completado por una persona o por una cosa. Solo Dios puede hacerlo. Es entendiéndole a El que aprendemos a amar de nuevo, es a través de El que nos sanamos. El es nuestro Redentor, El nos completa. Si no siguen a Cristo o están en contra de seguir la religión católica, algunos de ustedes quizás duden al leer esto, pero, dejando eso de lado, lo que intento decir aquí es que necesitamos superar el yo, debemos dejar atrás nuestros deseos egoístas y formar parte de algo más grande que nosotros mismos. Ya sea encontrar un propósito, conectar con la naturaleza, ser uno con la Fuerza Suprema, o alcanzar la iluminación, todas estas cosas apuntan a una verdad mayor y yo creo que eso significa que Cristo es esa Pieza que representa la Pareja de nuestro rompecabezas. Independientemente de tus creencias, no necesitamos nada terrenal para encontrar esa Pieza Pareja central del rompecabezas, ni a una persona, ni una clase, ni siquiera este libro. Tienes el poder de decidir cuál es exactamente esa pieza que te complementa, tienes el poder de encontrar paz y felicidad, tienes el poder de buscar y entender la verdad, tienes el poder de cambiar tu vida y de mejorar el mundo. Eso te dará mucha más paz que cualquier relación humana.

Como dijo Daniel Sloss con respecto al romance, el primer paso para encontrar la paz es amarte a ti mismo. Si queremos aprender "cómo amar" o "cómo estar enamorados", primero debemos aprender qué es el amor. 1 corintios 13:4-8 es una gran cita bíblica que nos da una visión al respecto:

> "El amor es paciente, el amor es bondadoso. No es celoso, no es pomposo, no es exagerado, no es grosero, no busca sus propios intereses, no es malgeniado, no se queda rumiando la herida, no se regocija con las malas acciones, sino que se regocija con la verdad. Soporta todas las cosas, cree todo, soporta todo. El amor nunca falla."

Si nuestra relación con nosotros mismos o con los demás contradice esto, entonces algo está mal. Dado que la sociedad nos empuja a tener relaciones románticas, nos esforzamos por estar en una, pero no porque realmente queramos, sino para complacer a los demás. O peor aún, nos hacen creer que una pareja es la única forma de realización personal, por lo que conseguir pareja nos apaciguara. Esto es intrínsecamente egoísta, porque, en lugar de elegir pareja por el amor infinito que podamos sentir, nos quedamos con una persona para que nos haga felices, para apaciguar *nuestros* sueños y *deseos* o para mejorar *nuestra* imagen. Demasiada gente elige a la primera persona que les acepta y que, de alguna manera, les obliga a ser su pareja. Daniel Sloss explica que este fenómeno ocurre porque tenemos tanto miedo de estar solos que preferimos algo, antes que nada. Pero repito, por muy buena intención que se tenga al buscar pareja, este concepto es intrínsecamente egoísta. Al intentar obligar a alguien a encajar en nuestro rompecabezas, estamos creando situaciones inevitablemente terribles. Por supuesto que esto puede acabar fatal con cosas como abuso doméstico o infidelidad, pero en su nivel más básico, simplemente hace que nos quedemos durante años en una relación sin un verdadero significado o que nunca nos dio felicidad. ¿Cuántas personas envejecen en matrimonios sin amor o infelices simplemente porque "se supone que así es como debe ser"? ¿Cómo es que la tasa de divorcios ha llegado a ser tan alta?

Mira, el amor es difícil. Sea cual sea el tipo de relación, es necesario el compromiso. Así es como funcionamos como personas. El amor no busca sus propios intereses, el amor perdura por sobre todas las cosas. Para querer a alguien debemos estar dispuestos a sacrificar cosas por el bienestar del otro. Dicho esto, ¿cuánto compromiso es demasiado compromiso? Necesitamos querernos a nosotros mismos al cien por ciento para poder amar a los demás de la misma manera. Si una relación nos hace infelices constantemente, si no nos satisface o no nos trae alegría, si es abusiva emocional o físicamente, esa es una relación poco sana y está condenada al fracaso. Hay ciertos estándares que todos deberíamos establecer al elegir pareja y es ahí donde surge el tema de las "señales de alarma". Obviamente, es muy importante tener en cuenta la seguridad física, pero también son importantes otros aspectos que son para toda la vida.

Por ejemplo, ya que mi fe es extremadamente importante para mí, yo solo quisiera casarme con una mujer católica. Aspectos como ir a misa, mis creencias sobre la Eucaristía y sobre María, y ciertos valores morales, son cosas que no podría compartir con mujeres de otra religión, y aunque no necesariamente encuentre esas cosas en una mujer católica, salir con alguien no católico podría funcionar a corto plazo, (aunque hablaré de los problemas que esto puede significar en un capítulo posterior), pero para un matrimonio para toda la vida en el que tendría que pensar en la vida de mis hijos y en mi relación con Dios, no funcionaría. También me gustaría compartir con ella un hobby, para que, cuando seamos mayores y estemos jubilados, podamos charlar sin parar sobre esa afición que nos apasiona. Creo que eso haría que el matrimonio fuese duradero. No tiene que ser algo elaborado, puede ser algo sencillo pero que podamos seguir compartiendo hasta el final de nuestras vidas, algo como el gusto por Star Wars, o por los personajes de cómics, o ser mochileros, o aprender de historia. Si una mujer no cumple estos dos criterios, no veo que esa relación tenga un buen final.

Todo esto para decir que creo que debemos tomarnos las relaciones mucho más en serio. Aunque es bueno tener romances y estos normalmente se consideran periodos de prueba, y está bien salir con varias personas para ver quién es más compatible contigo, todos deberíamos ser cautelosos con el *por qué* buscamos pareja y si una persona es realmente la adecuada o no. Muchos de nosotros nos aferramos al primer signo de aceptación por miedo a estar solos. Tenemos que sentirnos cómodos estando con nosotros mismos, porque si no somos felices solteros, no seremos felices acompañados. Si no podemos amarnos a nosotros mismos o si ni siquiera podemos entender lo que es el amor, ¿cómo podemos esperar amar a otra persona?

Ahora bien, Daniel Sloss cuenta que muchas personas rompen sus relaciones tras escuchar su sketch cómico. Aunque esto puede sonar gracioso, no pretendo hacer eso, y el objetivo de este libro no es separar a la gente. Lo que pido a todos es que reflexionemos críticamente sobre el por qué estamos o porque buscamos estar en una relación romántica. Si la respuesta tiene más inconvenientes que ventajas, entonces algo tiene que cambiar.

La Iglesia Católica probablemente refutaría este punto argumentando que el divorcio está mal y que volver a casarse es adulterio. Desde un punto de vista teológico, esto es ciertamente comprensible. Génesis 2:24 dice: "Por eso el hombre deja a su padre y a su madre y se aferra a su esposa, y los dos se convierten en un solo cuerpo." El matrimonio se supone que es un pacto eterno entre ellos Se supone que la novia y el novio deben prometerse ser fieles hasta que la muerte los separe. Y obviamente, esta doctrina se establece porque se presume que la gente es débil y querrá huir ante cualquier señal de conflicto, por pequeño que este sea. Sin embargo, cuando pensamos en las relaciones con la mentalidad de la Pieza del Rompecabezas, entrar en un pacto matrimonial verdadero es inherentemente imposible (o al menos extremadamente difícil), y la razón es porque lo hacemos pensando en que la pareja es *para mí felicidad*, es para que *me* complete, es para *mí* beneficio. En lugar de casarnos con alguien porque realmente le queremos y haremos cualquier cosa por su bienestar, lo hacemos para apaciguar los estándares sociales o como distracción de algo que necesitamos arreglar en nosotros mismos. Como dice Daniel Sloss, nos hemos enamorado tanto de la idea del romance que nunca llegamos a querernos a nosotros mismos ni a nuestras parejas, a quienes convertimos en peones para arreglar algún dolor o fallo en nuestras vidas, o en nuestros terapeutas o botiquines, cuando realmente deberían ser nuestros mejores amigos.

En mi opinión, esto por sí solo debería ser motivo para la anulación matrimonial. Para quienes no lo sepan, una anulación es esencialmente un pase oficial de la Iglesia Católica para que una pareja se pueda separar. Básicamente afirma que el matrimonio nunca fue válido porque la pareja no tuvo las intenciones correctas al casarse. Ahora bien, hay mucha burocracia detrás de este proceso, por eso la doctrina ha generado bastante controversia. Y, para ser sincero, creo que la Iglesia a menudo aplica mal esta doctrina porque ignora cosas como la violencia doméstica, donde el "no divorciarte porque Dios lo dice" es una respuesta terrible para alguien que literalmente está viviendo un infierno. Pero aparte de eso, yo diría que muchos matrimonios cumplirían los criterios de anulación porque una o ambas partes se casaron simplemente para "arreglarse a sí mismas" o para satisfacer a otros.

Sé que mucho de esto suena contradictorio, por lo que me gustaría terminar el capítulo con un resumen rápido. Dado el mundo en el que vivimos, todos somos personas rotas. La sociedad nos dice que para estar completos necesitamos una pareja romántica, pero, esto no es cierto. No podemos amar a los demás sin entender lo que es el amor. ¿Qué es el amor? Dios es amor. O como dice 1 Corintios, es un acto o relación desinteresada que antepone las necesidades de los demás a las nuestras. Para entender esto, necesitamos amarnos a nosotros mismos. Esto no significa entregarnos a deseos mundanos ni usar nuestros defectos como excusa para tener un mal comportamiento. Es saber quién eres y formar parte de algo más grande que tú mismo. Buscar una pareja para complacer a alguien o para obtener un placer superficial es una receta para el desastre porque es una razón inherentemente egoísta. Estás usando a esa persona como peón, como un medio para un fin. Amar a alguien es amarle completamente, y si entramos en el romance con la perspectiva de "llenar nuestra copa" o "completar nuestro rompecabezas", nos estaremos condenando a una vida de infelicidad. No importa en qué punto estemos en nuestro camino romántico, necesitamos analizar quiénes somos, qué buscamos en una pareja y si queremos una relación con el deseo de amar a alguien o como medio para un fin egoísta.

El resto de este libro mostrará cómo el Defecto del Rompecabezas se ha manifestado a lo largo del tiempo de muchas formas diferentes algunas de las cuales tienen que ver con la ideología política del momento. Cada época a intentado responder al concepto de Jigsaw de una manera extrema, y en la mayoría de los casos termina beneficiando a los poderosos y dando una respuesta poco satisfactoria a la humanidad. Ten presente esta analogía siempre que hablemos del tema de cualquier práctica romántica o sexual. Empecemos hablando de cómo se veía el romance en la época de la Inglaterra victoriana.

Capítulo 2: Desde los victorianos a la actualidad

Quiero utilizar este capítulo para desmentir un malentendido popular. He oído a muchas personas hoy en día decir cosas como "el amor está muriendo" o "salir con alguien era mejor antes". Aunque ciertamente se puede argumentar que las citas solían ser más fáciles y cómodas, eso no significa que fueran inherentemente mejores. Podría aventurarme a repasar toda la historia del romance, pero siendo sincero, eso ocuparía demasiado tiempo y no sería para nada útil, porque durante la mayoría de la historia las mujeres simplemente eran vistas como peones en el ámbito romántico.

Con los hombres teniendo todo el control, era mucho más difícil para una pareja amarse de verdad debido al desequilibrio de poder. He titulado este capítulo "De los victorianos a la época actual" porque he visto a gente que sugiere que el cortejo victoriano es extremadamente romántico. Sin embargo, esto no es cierto. Creo que series como Bridgerton idealizan el concepto del cortejo porque lo presentan como una forma no invasiva de citas románticas con serenatas, cartas apasionadas y gestos audaces. Aunque entiendo perfectamente el por qué algunas personas quieren volver a esta idea del romance, la realidad es que esto no muestra la verdad de la época.

Debo aclarar que esto no significa que a lo largo de la historia no hubiera habido ningún caso en que las parejas se amaran de verdad. En todas las épocas con todos sus problemas, la gente siempre ha encontrado la forma de amarse y de vivir vidas perfectamente sanas. Lo que trato de decir es que la respuesta a la epidemia moderna del romance no es "volver al pasado". La idea del pasado puede parecer atractiva, pero la realidad es que muchos de esos sistemas románticos eran extremadamente problemáticos. Este capítulo profundizará en la historia de los últimos 150 años de romance. Aunque no es especialmente vital para ningún otro capítulo, si proporciona un contexto importante sobre el por qué seguimos aferrados a ciertas prácticas y cómo estas siguen siendo perjudiciales.

Se que dije que no iba a hablar de toda la historia, pero sí necesitamos hablar de una parte de esta, *algo que nos sirva de base*. Una vez que salimos del Jardín del Edén, la humanidad tuvo que sobrevivir por sí misma. Teníamos que defendernos de animales peligrosos, teníamos que alimentarnos y necesitábamos ropa y refugio para protegernos. El instinto de supervivencia ha sido nuestro impulso a lo largo del tiempo, y ese mismo impulso por protegernos a nosotros mismos y solo a nosotros mismos nos ha hecho egoístas. Este concepto agrupa a los hombres y a las mujeres en dos grupos con roles diferentes: los hombres para proteger y liderar la sociedad, y las mujeres para criar a los niños y mantener el hogar en orden. Algunos argumentarían que volver a estas raíces es exactamente lo que deberíamos hacer, sugiriendo que cuanto más nos acercamos a nuestras raíces animales, más naturales son las cosas. Pero se supone que la humanidad debería estar por encima de los animales, no actuar como ellos. En fin, este "instinto de supervivencia" ha continuado de alguna forma a lo largo de cada época. Obviamente, durante la mayor parte de la historia humana, los hombres han intentado usar su fuerza para dominar a las mujeres y hacerlas sumisas. A medida que nos acercamos al siglo XXI, la línea de este concepto se vuelve más difusa respecto a cuánto se ha impulsado esto en la sociedad. Aquí es donde entra la era victoriana.

La Era Victoriana abarcó desde 1837 hasta 1901, marcando el reinado de la reina británica Victoria. Una de las cualidades más reconocidas de la época son sus estrictos estándares morales y sociales. Ahora bien, hay muchas razones detrás de esto, pero realmente algunas de ellas no son muy relevantes, así que les daré una pequeña introducción solamente de las básicas. La Revolución Industrial, las luchas constantes como la Guerra de 1812 y el auge de la clase media fueron eventos que ocurrieron poco antes de este periodo. Con el cambio y el caos constantes, es muy probable que los ingleses solo quisieran un poco de tranquilidad y volver a una cierta normalidad. Por supuesto, el péndulo se fue demasiado lejos, por lo que los estándares de los cortejos amorosos y las clases sociales se volvieron muy estrictos. La razón por la que empecé hablando de esta época en particular, es porque los ecos de esas prácticas continúan hoy en día, al menos en mi país natal, Estados Unidos. Pero ¿cuáles eran exactamente estas prácticas? Primero, es importante entender cuál era el lugar de una mujer en la sociedad.

Iwona Sakowicz escribió un artículo detallado sobre el cortejo victoriano basado en una revista popular de la época titulada *The Englishwoman's Domestic Magazine*. En la revista, se detallan los estándares de cortejo de la época, especialmente a través del diálogo entre los editores y las jovencitas que enviaban sus preguntas al periódico. Tal como he dicho antes, existían líneas muy definidas sobre los roles de género, el de la mujer enfocado en la casa, mientras que el del hombre en su carrera profesional. Sin embargo, la razón de esto te puede sorprender. Iwona dice:

La típica división de roles entre femenino y masculino surgió de la creencia de que las mujeres eran física e intelectualmente débiles. Sin

> embargo, un hecho interesante era la creencia común en la Inglaterra victoriana de que las mujeres eran moralmente superiores a los hombres, lo cual estaba relacionado con su inferioridad física e intelectual. ... El mundo era visto como sucio, brutal y a menudo inmoral. El hogar, en cambio, se presentaba como pacífico y puro. (216)

Como podemos ver, las mujeres eran sorprendentemente respetadas. Como se pensaba que las mujeres eran puras, tiene sentido que la sociedad quisiera protegerlas. Por esta razón, esta creencia venia acompañada de la enorme condición de tener que ceñirse a normas sociales restrictivas.

> Una dama debía ser natural sin afectaciones ni pretensiones. Se esperaba que fuera cortés y respetuosa con todos, sin altivez ni orgullo. La valentía se mencionaba como una característica apropiada, pero con la advertencia de no ser 'audaz o masculina'. Una dama tenía que ser femenina en todos los aspectos. (Sakowicz 219)

Y, por supuesto, una mujer prácticamente no tenía voz en la elección de a quién cortejar. Claro, quizá había formas sutiles de llamar la atención de un hombre, pero iniciar el proceso de cortejo dependía completamente de los hombres. Aparentemente, muchas jóvenes preguntaban a la revista cómo ganarse el afecto de un Joven. Como la caracola mágica de SpongeBob, el periódico respondía: "Nada." ¿Puedes ver por qué esto es un gran problema? En aquella época, una dama tenía prácticamente cero autonomía a la hora de encontrar un pretendiente, Básicamente, el pretendiente tenía que venir a ti, y si nadie lo hacía, mala suerte. Hoy en día, a menudo todavía vemos esa mentalidad. A los hombres nos han enseñado que somos nosotros quienes debemos iniciar el proceso de cortejo o de pedir una cita romántica. No está bien que una mujer lo haga, o será considerada una zorra. En mi opinión, si te interesa alguien – sin importar tu género – deberías poder tomar la iniciativa de invitarle a salir. No esperes a que un chico se acerque a ti, puede que no le intereses hasta que hables con él. Esta idea de que "el chico es quien tiene que invitar a salir a la chica" ha causado enormes problemas tanto en los hombres como en las mujeres. Porque si a una mujer nunca le piden salir, se sentirá como si no fuera guapa. Y si un chico no tiene suerte invitando a salir a una chica, se sentirá inseguro consigo mismo.

Ahora bien, las mujeres victorianas acabaron teniendo voz al decidir si se casaban o no con su pretendiente. No quiero pintar esta época como una donde no existía el amor. De hecho, era algo que se consideraba muy importante, pero, *después de* casarse. El cortejo no se suponía que fuera un proceso largo, y el concepto de "amor a primera vista" era realmente mal visto. El coqueteo se consideraba sospechoso, al menos en algunas situaciones. "El objetivo del cortejo era encontrar una pareja para casarse. ' El cortejo es el lacayo vigente del matrimonio', afirmaba poéticamente uno de los manuales." [1] Hasta cierto punto, puedo estar de acuerdo con esa idea e incluso aplaudirla. Sin embargo, el problema es que el matrimonio se basaba más en "lo que es correcto" que en si realmente amabas a alguien o tenías química con esa persona. Para una mujer, el objetivo era estar con un hombre acomodado que elevara su estatus en la sociedad. Y para un hombre, el objetivo era estar con una mujer que mantuviera su imagen y le diera herederos. Necesitaba ser "amante del hogar, inocente, dócil y tierna, por lo que una mujer fuerte no era una buena elección." [2] Las dotes probablemente

---

1. Sakowicz, 225
2. Sakowicz, 223

también eran un factor importante. Ahora bien, la gente de la época puede afirmar que el amor verdadero era un aspecto esencial del matrimonio. Las cartas de amor y los regalos eran seguramente tan importantes entonces, como lo son ahora. Pero seamos sinceros, para muchos la idea de ser ridiculizados o marginados simplemente por no estar casados o por no cumplir los estrictos estándares sociales probablemente pesaba más que la búsqueda del amor verdadero.

Había un proceso muy específico para cortejar, y si este no se cumplía se consideraba extremadamente impropio. Por ejemplo, el caballero debía aparecer en lugares públicos donde pudiera encontrarse con la dama, como en una iglesia, un parque o un 'lugar de entretenimiento' [3] Una vez allí, ambos debían conversar sobre sus vidas. Después de eso, prácticamente todo dependía de los padres. El chico necesitaba presentarse a estos por carta, y cualquier comunicación o reunión adicional necesitaba de su autorización. Al igual que hoy, el caballero pedía al padre la mano de la hija en matrimonio. Ese control que tenían los padres es probablemente la mayor objeción que tengo con respecto a esa época. La pareja esencialmente no tenía control sobre su matrimonio.

Claro, puede que el hombre tuviese cierta posibilidad de elección, pero si querías mantenerte dentro de los estándares sociales, debías seguir ciertos procedimientos muy estrictos para encontrar el amor. ¿Es realmente este el tipo de cultura a la que queremos volver?

Muchos aspectos del cortejo victoriano continúan hasta hoy. En general, la norma aceptada es que los hombres sean quienes se acerquen a la mujer. Algunas

---

3. Sakowicz, 221

mujeres afirman que esto ya no es o no debería ser así, pero en toda mi experiencia rara vez he visto a mujeres intentar ligar con hombres. No puedo dar una explicación a esta lógica, porque, para ser sincero no la tengo, solo puedo decir que seguimos cumpliendo con ese estándar de cortejo victoriano. Aunque no de forma tan estricta, hay ciertas normas que aún se exige a las parejas. Estas reglas están relacionadas con la primera cita, con un encuentro casual, con el periodo de prueba conocido como noviazgo, con la 'etapa del te quiero' donde finalmente reconocen que están en una relación formal, con el momento en el que se mudan juntos y, con el momento cuando por fin, se casan y/o tienen hijos. Como mencioné antes, es un estándar social que los hombres le pidan la mano de la hija al padre y cualquier variación de esto suele considerarse un poco rara. Peor aún, la fase de noviazgo tiene varios estándares estrictos, ya que, por ejemplo, invitar al restaurante equivocado o al hobby o entretenimiento equivocados se considera instantáneamente una señal de alarma. Además, muchas mujeres quieren estar con un hombre que sea extremadamente exitoso, mientras que muchos hombres quieren estar con una mujer que cumpla con todos sus deseos. Sin duda hoy en día hay más autonomía en la elección de la pareja, pero básicamente aun seguimos, aunque más flexible, un formato muy parecida al del cortejo victoriano.

Muchas de las mujeres que enviaban cartas a *The Englishwoman's Domestic Magazine* parecían frustrarse cada vez más con el estilo de vida extremadamente limitado al que debían adherirse,[4] ya que realmente no tenían voz en la elección de sus parejas.

---

4. Las páginas 220 y 224 ilustran esto mejor.

Después de la época victoriana, entramos en la era Flapper. Un tema común a lo largo de la historia es que la sociedad se mueve como un péndulo. Un estándar extremo produce una reacción exagerada que impulsa al otro extremo. Ese es el caso en lo referente al romance.

¿Qué llevó al fin de la era victoriana? Simplemente, esta era terminó con la muerte de la reina Victoria. Sin embargo, la era cultural continuó durante aproximadamente otra década y terminó definitivamente durante la Primera Guerra Mundial. Cuando los hombres se fueron a luchar a la guerra, alguien tenía que mantener todos los empleos y a la sociedad en funcionamiento y las mujeres se pusieron a la altura para hacerlo. Por horrible que la guerra pueda llegar a ser, esta les concedió a las mujeres una increíble libertad y los derechos que antes no tenían. Las mujeres adquirieron libertad en el manejo del dinero y en las opciones de carrera profesional, y no iban a renunciar a ello después de la guerra. Esto, junto con las frustraciones acumuladas durante la época victoriana, las llevó a asumir el estilo de vida Flapper. Las mujeres dejaron sus corsés por sujetadores y lencería, llevaban vestidos más elegantes y dejaron de lado los trajes abullonados de antes, usaban el cabello más corto y se aplicaban más maquillaje. Beber y fumar en público era aceptado. Este espíritu rebelde, sin duda resultaba atractivo para algunos de los hombres que probablemente también estaban cansados de los estrictos estándares de la era victoriana. Otro gran cambio fue la producción en masa de los automóviles de Henry Ford, lo que ofreció a los jóvenes la oportunidad de viajar largas distancias sin tener que preocuparse por sus padres.

Esta revolución social llevó a mucha más libertad sexual entre los jóvenes en los años 20, en la que se le dio mucha más importancia a las emociones y a la química que al romanticismo. De ahí surgió otro aspecto de las citas románticas modernas. Por supuesto, aunque los estándares sociales cambiaron, eso no significaba que fueran menos exigentes. Por lo tanto, si no participabas en estas actividades sociales, por muy controverciales que fueran, tus compañeros te veían como raro. Al igual que hoy, si no tenías sexo o no salías de fiesta a los bares clandestinos, "no disfrutabas de la vida" o eras "demasiado conservador y restrictivo". Y aunque el matrimonio seguía siendo el objetivo final, la prioridad era la satisfacción personal y emocional en lugar del amor real por alguien.

A partir de ahí, la sociedad se ha debatido entre reducir, o adoptar las normas tradicionales con relación al género y a las citas románticas. Con la Gran Depresión y la Segunda Guerra Mundial, la gente quiso recuperar la sensación de normalidad y aquí es donde se introduce el concepto de Núcleo Familiar. Aunque no tan estrictos como en la era victoriana, se establecieron nuevamente estándares altos sobre cómo la gente debía abordar el matrimonio y el romance. Regresaron las normas tradicionales de género, las creencias religiosas se impusieron social y legalmente, y la fuerte autoridad parental volvió. Luego, en los años 60 y 70, el movimiento revolucionario tomó fuerza entre la juventud, como respuesta a los estándares establecidos por el Núcleo Familiar. Si has visto Footloose, tendrás una buena idea de lo que esto significa. Como en la era Flapper, la libertad sexual y el consumo de drogas volvieron a ser una forma de expresión de rebeldía de la juventud. Aquí fue donde realmente se cuestionó el concepto de matrimonio, y muchos jóvenes creyeron que el amor libre era la forma de hacer las cosas. Por supuesto, los años 60 y 70 también fueron notables por la Guerra de Vietnam, el Movimiento por los Derechos Civiles y la Segunda

Ola del Movimiento Feminista. Todos estos cambios, combinados con una economía debilitada, hicieron que la gente anhelara nuevamente regresar a la normalidad, y entonces llegó la Era Reagan del Conservatismo, que continuó, yo diría que, hasta alrededor del año 2008. En este momento, los estándares de las citas románticas eran similares a los estándares de los años 50. Los hombres eran los que debían acercarse a las mujeres y la caballerosidad era un factor extremadamente importante en el comportamiento de los hombres. Cosas como abrirles la puerta a las mujeres, pagar la cuenta en los restaurantes durante una cita amorosa, llevar flores como regalo y caminar por el lado exterior de la acera, eran parte de la norma. Creo que mucha gente quisiera volver a este estilo de vida porque establece estándares claros para las citas en los que, si sigues cada uno de los pasos, no existen "situaciones ambiguas". La gente era, generalmente, bastante abierta con relación a sus intenciones cuando salía con alguien. Sin embargo, sigo sintiendo que esto se ve desde una perspectiva idealizada, ya que, como en la época victoriana, seguía siendo impropio que una mujer invitara a salir a un chico. Aunque, a diferencia de los victorianos, esto era más bien una penalización para los chicos por no "ser lo suficientemente hombres" si no conseguían mujeres.

Cuando Obama asumió el cargo, el péndulo volvió a un estado similar al del Movimiento Contracultural. Sin embargo, la gran diferencia fue el boom de las redes sociales y de las citas en línea. De repente, la gente podía conectarse con prácticamente cualquier persona en el mundo a través del Internet. Compartir ideas sobre el amor libre y el rechazo a las tradiciones, se convirtió en algo accesible para millones de personas al mismo tiempo. Con el COVID-19 y todo el caos político reciente, pareciera que los valores tradicionales están en auge y que la gente busca nuevamente una sensación de normalidad y estabilidad. Temo que el péndulo vuelva a girar demasiado atrás en el tiempo hasta el punto en el que las mujeres nuevamente sufran abusos, pero esto solo el tiempo lo dirá. Ahora, ¿por qué te cuento todo esto? ¿Por qué acabamos de repasar un poco la historia? Porque en cada uno de estos periodos encontramos varios problemas. En las épocas más conservadoras, vemos que se ponía más atención a mantener tu imagen y a construir el amor después de la boda, lo que significa que había poco o ningún énfasis en la emoción o en la química romántica. En las épocas liberales, se observa un mayor enfoque en las conexiones emocionales y en el placer sexual en un estilo de vida hedonista que ignora la compatibilidad y el compromiso. Ya sea por la imagen o por el placer material, no se le da real importancia a amar realmente a alguien, ya que en ambas épocas el amor está impulsado por el egoísmo,

Yo quedé atrapado entre el final de la era Reagan/Bush y la era Obama. Me enseñaron a ser un caballero y a usar los métodos más tradicionales en las citas románticas. Generalmente, esto significaba pedirle el número a una chica o expresarle abiertamente mis sentimientos si me gustaba o me parecía guapa. Mis inseguridades empezaron en la secundaria, un día en el que había un baile de San Valentín al que debíamos ir. Bueno, realmente no era obligatorio asistir, pero el baile era al final del día escolar. La pregunta constante era "¿a quién vas a llevar al baile?" Esto probablemente estaba motivado por las innumerables películas de cine que mostraban el paso a la adultez y las expectativas sociales de que necesitaba llevar a alguien al baile. Aunque nunca se decía explícitamente, el mensaje que me metieron en la cabeza fue: "si no vas con alguien, eres un fracasado" Parecía bastante sencillo, ¿no? Invita a alguien a salir y te dará una oportunidad, y listo. ¡Pues no!

Supongo que alguien podría argumentar que mi problema era que no invitaba a salir a suficientes chicas, pero, el problema era que, una vez que me enamoraba de alguien, realmente quería que esa persona fuera mi novia, razón por la cual solo invitaba a salir a una chica al año. En séptimo grado, le pregunté abiertamente a una chica si quería ir al baile conmigo. A lo que ella respondió: "déjame pensarlo." Esas palabras fueron, por si solas, responsables de años de autocrítica e inseguridad. Durante meses, me atormenté preguntándome qué demonios había hecho mal. ¿Por qué no pudo darme una respuesta directa? ¿no fui lo suficientemente romántico?, ¿era demasiado feo?, ¿tenía que ser primero su amigo?, ¿Estaba secretamente interesada en mí, pero no tenía el valor de decírmelo? Le pregunté una o dos veces más, pero la respuesta siempre fue la misma. Si alguna vez te dan esta respuesta debes saber que básicamente significa que no, o si alguna vez te encuentras en una situación en la que alguien te invita a salir, por favor da un sí o un no definitivo, porque en un intento de ser amable, básicamente dejas a alguien imaginándose cuál va a ser tu respuesta o intentando saber que hacer para estar contigo. ¿Es esto una tontería para un joven de 25 años? Probablemente. Pero para alguien que solo tenía 12 años y estaba teniendo su primera experiencia invitando a alguien a salir, esto me dejó extremadamente confundido y desanimado.

Pasó un año y pasé a un nuevo flechazo y a un nuevo baile. La anterior no funcionó así que decidí probar una nueva estrategia. Esta vez, escribí una carta de amor. Suena lindo ¿no? Muy parecido al cortejo victoriano. Pues… eso tampoco funcionó. Aunque, viéndolo bien, no puedo culpar a la chica por no haberme respondido, ya que la forma como le entregué la carta pareció una broma. Con lo extravagantes que fueron las palabras que utilice, probablemente la carta parecía demasiado ridícula para ser verdad. En ese momento, pensé que se estaba repitiendo la historia: invitas a salir a tu amor platónico, y obtienes una respuesta poco clara. Nuevamente, con la cantidad de bailes y con la "necesidad social impuesta de establecer relaciones", sentí una sensación inherente de fracaso por no hacer lo que se me pedía, y pensé que yo no era normal.

Llegó el primer año de escuela secundaria y traté de tener una perspectiva mejor o diferente. Sin embargo, intentar seguir el camino tradicional de "consigue el número de una chica y proponle una cita" nunca pareció funcionar para mí. No hay una explicación real que pueda dar al porqué de esto. Una teoría es que no fui lo suficientemente comunicativo, y quizá no fui claro en mi mensaje, o nunca usé un lenguaje romántico. Otra teoría es que mi virtud de ser caballeroso simplemente no era lo que las chicas querían. Siempre he intentado mantener esta característica, porque creo que ser caballeroso es importante. Independientemente del género o del romance, creo que la caballerosidad es una forma importante de respetar a los demás. Sin embargo, en algunos momentos, esto, en vez de ayudar, pudo haber dañado el intento. A lo largo de los años, he notado que "el chico malo" es un arquetipo con el que muchas jóvenes fantasean. Algunos ejemplos comunes y algo perturbadores son Anakin Skywalker, Eduardo de Crepúsculo y Hardin de la serie Después. Estos personajes suelen usar comportamientos muy inquietantes y casi criminales para conquistar a las chicas. Sin embargo, debido a la confianza que tienen en sí mismos, su encanto y aura rebelde o misteriosa, a menudo se les considera atractivos. También está el concepto de "arreglar a los hombres" de su trauma, trampa en la que, estoy seguro, muchas mujeres han caído. No hace falta decir que nunca encajé en ninguna de estas descripciones debido a que no tengo traumas graves y tengo una alta inclinación a seguir las normas.

Durante mi segundo año de escuela secundaria, probablemente tuve la peor experiencia con las citas románticas de mi vida. El baile de bienvenida estaba a la vuelta de la esquina, y otra vez la gente me preguntaba a quién iba a llevar ¿ves algún patrón aquí? Aunque no nos obligaban a ir a la fiesta de bienvenida, como ocurría en la escuela intermedia, seguía considerándose una necesidad social. Como chico, solo tenías que invitar a una chica a salir y listo, y si no lo hacías eras raro. Mis amigos de entonces seguían presionándome para que invitara a salir a alguien. Para dar un poco de contexto, fui a un colegio católico solo para chicos que tenía un colegio hermano católico de chicas, y generalmente era a ellas a quienes los chicos de mi colegio invitaban a salir. Aunque me encantaba mi colegio, algo que me parecía raro era que, para que las chicas pudieran asistir a nuestra fiesta de bienvenida, necesitaban que un chico las invitara. Los chicos, en cambio, podíamos ir libremente a la fiesta de bienvenida de ellas. No sé si esa sigue siendo la política hoy en día, pero creo que esto representaba un gran problema porque: a) hay gente a la que le gusta simplemente ir a las fiestas sin pareja o con sus amigos, y b) este tipo de reglas puede generar muchas dudas e inseguridades en las chicas que no tienen una pareja que las invite a la fiesta. Resumiendo, acabé llevando a la fiesta de bienvenida de curso a una chica que era amiga de un amigo, básicamente por cumplir con las reglas sociales establecidas. Además, pensé que sería amable de mi parte darle a esa chica la oportunidad de ir a nuestra fiesta de bienvenida, y también la posibilidad de que quizas algo pasara entre nosotros. Sin embargo, esta experiencia fue un desastre total. Seguí todos los pasos que debía seguir. Le compré la entrada, la invité a cenar, le compré el ramillete de flores para su muñeca, probé a bailar con ella, hice todas las sesiones de fotos y otras cosas que se supone hacen los caballeros. Pero en vez de compartir esta experiencia conmigo, decidió que era mejor irse con sus amigas. Por suerte, le pasó exactamente lo mismo a otro amigo mío, así que no estuve completamente solo esa noche, pero, fue bastante grosero de su parte dejarme colgado después de todo el esfuerzo que hice por hacer de esa una linda experiencia. Mi baile de bienvenida la pase comiendo picadas y entradas e intentando hablar con mi amigo por encima del volumen excesivamente alto y molesto de la música. Bastante mal, si me preguntas. Si ella hubiera sido sincera conmigo y me hubiese dicho que quería ir al baile de bienvenida para estar con sus amigas, probablemente no me habría importado. Pero en vez de eso, jugo el juego de ir al baile conmigo como si yo fuera su pareja, para, al final, dejarme tirado. Mis sentimientos de inseguridad volvieron a surgir. ¿Qué hice mal? Hice todo lo que se suponía que debía hacer. Intenté crear una conexión con ella. ¿Debí ser más romántico o abierto? ¿Era demasiado feo? ¿No era lo suficientemente interesante?

Si solo hubiera sido una mala cita, probablemente me habría olvidado de toda la experiencia. Sin embargo, lo que realmente me enfadó vino después. Esto lo supe porque un amigo me lo dijo, así que ten en cuenta que es información de segunda mano, pero confío en que lo que mi amigo me dijo es cierto. Al parecer, la chica acabó difundiendo chismes e incluso hizo un meme burlándose de mí. Nunca quise ver el contenido real del meme, pero al parecer tenía que ver con "lo raro que era", supuestamente por expresar mi gusto por Star Wars y Sonic. Y de nuevo... ¿qué hice mal? ¿Hubo alguna acción de parte mía que la incomodó?

¿hice algo que la intimidó? De ser así, me habría encantado que me lo dijera para no volver a cometer ese error. Pero nunca obtuve respuesta a mis preguntas. Cuando mi amigo me contó esto, yo ya había perdido contacto con ella, y para ser sincero, estaba demasiado enfadado para que me siguiera importando. Desgraciadamente, esta y otras experiencias similares de algunos amigos me generaron un gran resentimiento hacia las mujeres. Todas mis experiencias previas, toda mi soledad e inseguridades finalmente salieron a la superficie y termine odiando todos los conceptos de las relaciones en general. Fue una ira extremadamente tóxica que casi me lleva por el camino oscuro del odio hacia las mujeres.

Por suerte, Cristo me salvó. Lo sé, suena muy conmovedor decirlo. Pero si no hubiera sido por los Evangelios y por el regalo de tener una madre increíble, perfectamente me habría podido convertir en una persona terrible. De alguna manera, saber que Jesús era un hombre soltero me dio mucho valor. En la cruz, Jesús se sintió la persona más sola de la historia, estaba golpeado, hambriento, sediento, física y mentalmente angustiado, y el mundo le odiaba. Aceptó todo nuestro pecado y sufrimiento y lo puso sobre sí mismo, sin nadie que le consolara. Llegar a entender a Cristo y su soledad, solo para ser redimido en la Resurrección, me dio mucho optimismo. Siguiendo a Cristo y dejando que Él sea mi Pieza Pareja, ya no necesite algo externo para sentir felicidad o para ser amado. Cristo murió para que yo fuera mejor persona. Si seguía por el camino de sentir rencor por las mujeres y odiar las relaciones de pareja, estaría escupiendo a la cara todo lo que Él hizo. Desde mis días de secundaria hasta ahora estoy mucho mejor y veo a las mujeres de una manera mucho más saludable. Sigo luchando y sintiéndome solo de vez en cuando, pero Dios me ha dado la fuerza necesaria para afrontar la vida sin preocuparme por mis inseguridades ni sentir la necesidad de tener novia. Aunque esté completamente solo y no tenga a nadie que me ayude, Cristo está ahí para consolarme y para darme la fuerza necesaria para seguir adelante. Si sigo a Jesús, todo saldrá bien en la vida eterna.

Te he contado mi trayectoria para explicar por qué el sistema tradicional no funciona. Poner toda la responsabilidad en el chico para que sea el quien inicie el proceso de una cita amorosa, es problemático porque, por ejemplo, chicos como yo, que nunca han tenido éxito con las chicas, nos culpamos a nosotros mismos por no tener pareja. Está claro que hay algo mal en nosotros, sí, intento tras intento, aunque hagamos algo diferente cada vez, seguimos siendo rechazados y seguimos estando solos. Desafortunadamente, esto genera mucha inseguridad y nos deja peligrosamente vulnerables a creadores de contenido "gurús machos alfa" o a "doctores del amor" que manipulan a los hombres para que se unan a sus programas. Los hombres solitarios caen víctimas de estas estafas depredadoras porque intentan llenar un vacío que la sociedad les impone. En lugar de encontrar fortaleza en el hecho de estar solos, a estos hombres a menudo se les dice que el problema son las mujeres o que necesitan usar conductas delictivas para tener sexo y eso es extremadamente preocupante.

Sé que estoy haciendo generalizaciones aquí, pero sea cual sea la época, la gente inevitablemente se encasilla en los estándares sociales impuestos en su momento. Así que volvemos al defecto del rompecabezas, que establece que la única forma de sentirnos satisfechos dentro de los confines de nuestra alma es llenando ese vacío dentro de nosotros con la Pieza Pareja, con nuestra alma gemela. Necesitamos romper con esas casillas que la sociedad y nosotros mismos nos imponemos y debemos encontrar la paz interior en la alegría del Evangelio y en la iluminación porque eso es lo que realmente llenará nuestro vacío. Cada época puede tener una idea de cómo se debe ver el amor, pero, en última instancia, esa visión siempre será insuficiente porque intenta dar una respuesta humana imperfecta a la pregunta de lo que realmente es el amor. El amor ha estado muerto en todas las épocas, pero Cristo nos da la oportunidad de amar no como lo hacen los humanos, sino como Él lo hizo, con un amor perfecto, desinteresado, y que da vida, y si todos siguiéramos ese formato, aunque no creas en Él, el mundo sería un lugar mucho mejor.

Existe otra razón por la que expliqué en detalle estos momentos históricos y tiene que ver con el siguiente capítulo: La mercantilización del amor.

Capítulo 3: Buscando Pareja

Generalmente se piensa que el auge del capitalismo comenzó en el siglo XVI. Este sistema económico pone un gran énfasis en el beneficio a través del comercio y de la comercialización. Es decir, se obtiene riqueza o capital a través de operaciones económicas o de acuerdos comerciales. ¿Por qué hablo ahora de este tema? Bueno, porque cuando se vive en una sociedad capitalista, la gente tiende a ver todo en la vida como una mercancía. Simplemente tiene sentido: compro una casa para vivir, compro comida para comer, pago para ver una película, uso un préstamo para estudiar. Casi todo en la vida es, de alguna forma, una mercancía, así es como funciona el capitalismo. Ahora, no estoy diciendo que no me gusta el capitalismo. Aunque está lejos de ser un sistema perfecto, creo que es la estructura económica más justa que tenemos hoy en día, porque, a pesar de todos los limitantes, algunos mayores que otros, el individuo sigue teniendo el poder de ascender y de tener éxito, y eso merece ser aplaudido.

Sin embargo, este sistema falla en algunos aspectos muy importantes de la vida, porque no todo debería ser una mercancía. No se puede poner precio a todo. Por ejemplo, ¿cuánto vale la película *Avengers: Endgame?* Bueno, hay varios puntos por considerar. El presupuesto que costó producir y comercializar la película, fue de unos 400 millones de dólares, el rendimiento en taquilla unos 2.800 millones de dólares, el precio de una entrada de cine en 2025 eran unos 20 dólares. ¿Qué pasa con lo que un individuo cree que vale? Alguien que ame la película probablemente pensaría que vale millones de dólares, pero a mí, en cambio, no me gustaron dos tercios de esta producción, así que probablemente diría que la película vale unos 100 euros. No se puede atribuir un valor monetario al arte porque este es una experiencia completamente subjetiva. El valor del arte tiene que ver con una conexión emocional, algo completamente abstracto. Lo mismo ocurre, por ejemplo, con la naturaleza. Claro, podrías intentar determinar su valor basándote en los recursos naturales para consumir, el turismo o los valores de las propiedades, pero algo como el Parque Nacional de Yellowstone o la Gran Barrera de Coral no pueden tener un valor monetario. Lo mismo ocurre con las relaciones, pero, desgraciadamente, buscar pareja se ha convertido básicamente en una experiencia comercial.

Esto ha adoptado diferentes formas a lo largo de la historia, las cuales repasaremos en un momento. Por nuestro impulso egoísta de encontrar la Pieza Pareja perfecta, acabamos viendo a las personas como simples productos comerciales en lugar de verlas como seres humanos con personalidades complejas. Ha esto se le ha llamado 'relationshopping'. El término fue utilizado por primera vez en un estudio homónimo realizado en 2010, escrito por Rebecca D. Heino, Nicole B. Ellison y Jennifer L. Gibbs. Aunque este artículo habla específicamente sobre las citas en línea, este concepto se podría utilizar en casi todas las formas comunes de búsqueda de pareja. Una de las principales tesis de este estudio sostiene que, cuando vemos el ámbito de las citas como un mercado comercial, las posibles parejas son "mercantilizadas como productos para vender, evaluar, comprar o desechar." [1]Ahora bien, ¿qué significa exactamente esto? Estoy seguro de que si estás leyendo esto te estarás diciendo a ti mismo que no ves las citas de esa manera. Esta mentalidad, lamentablemente, está arraigada en nuestra sociedad y es muy difícil salir de ella. Yo mismo caigo mucho en esta trampa. Pero es importante entender este concepto para ver por qué es

---

1. Heino, Rebecca D., et al., 443

perjudicial.

En la analogía más básica, las posibles parejas son tratadas como objetos y se convierten en una herramienta para arreglar algún problema en nosotros o en un filtro para mejorar nuestro aspecto, se reducen a una pieza de rompecabeza destinada a hacernos sentir bien. Esto es un gran problema porque cuando reducimos a una persona al nivel de un objeto, se vuelve mucho más fácil verla como algo que debe usarse, algo que debe manipularse o controlarse. El objetivo final es hacer lo que sea necesario para satisfacer nuestros deseos, por muy dañinos que estos sean. Este es el camino hacia el Lado Oscuro.

La cosificación ha adoptado muchas formas a lo largo de la historia. El valor de las mujeres se basa más comúnmente en el atractivo sexual, mientras que el valor de los hombres se basa en su posición social a través del dinero o el poder. El patrimonio neto es un claro ejemplo de esto, sin embargo, a lo largo de los siglos han existido otras formas de comercialización de las personas. Durante gran parte de la historia humana, las dotes fueron muy importantes. Un factor clave para determinar la idoneidad de una mujer era el tamaño de su herencia, y, para las mujeres, la escogencia de un hombre dependía de su posición e influencias. En ambos casos, la política era muy importante para el ideal matrimonial, ya que los matrimonios se producían simplemente para unir castas o clanes con el fin de evitar la guerra, formar alianzas y fortalecer el comercio. Durante la era victoriana, esto evolucionó, ya que las dotes pasaron a un segundo plano y la idoneidad de una pareja se basaba más en el estatus social. Cuanto más alta era la clase social a la que pertenecías, más eras visto como una buena opción matrimonial. Esto a menudo se confirmaba con el uso de ropa cara y con la entrega de regalos lujosos. Con el cambio de siglo, esto evolucionó hacia el concepto moderno de las citas románticas, en las que se determina qué tan buena fue esa primera salida de acuerdo con el poder adquisitivo y con el costo neto del primer encuentro, como, por ejemplo, el ir a un restaurante caro, vestir ropa elegante o comprar ramos de flores y chocolate. En la actualidad, las primeras citas románticas ocurren en cafeterías o en parques de minigolf, pero, aun así, están asociadas a la compra de algo. No puedes simplemente dar un paseo por el parque o sentarte en un banco cualquiera para conocer a una persona, siempre tiene que haber una actividad asociada por la que se debe pagar o la que exige el uso de moda cara.

El rey de las compras es el anillo de compromiso. Si quieres casarte, literalmente tienes que gastar miles de dólares "para demostrar tu amor". En realidad, lo único que se necesita para casarse es la pareja y un testigo, eso es todo. Pero debido a la codicia corporativa y a las mentiras de la industria del diamante, estos anillos se han convertido en una parte esencial del compromiso matrimonial. Todo esto comenzó en 1938, cuando la empresa de diamantes De Beers experimentó una caída masiva en las ventas de diamantes.[2] Querían que esto cambiara, así que en 1939 iniciaron una nueva ola de campañas de marketing para que los jóvenes compraran anillos de diamantes. Y funcionó. En 1947 se introdujo el lema "un diamante es para siempre"[3] y el resultado fue un auge en las ventas de diamantes, las cuals, en los EE. UU. pasaron de 23 millones de dólares a la impresionante cifra de 2.100 millones entre 1939 y 1979. Nuevamente, el amor está asociado a una cantidad monetaria. Esto me hace pensar que realmente estamos malgastando miles de dólares en una mentira

---

2. Francis-Tan, Andrew y Hugo M. Mialon, 2
3. Picciotto

inventada y en una estafa casi inofensiva. Pero, lo que realmente me enfada es lo que pasa cuando la relación termina. Aunque existen políticas de devolución, esto se complica mucho si el anillo es hecho a la medida, si no está en condiciones casi perfectas o si la chica decide quedarse con él. Así que, en esos casos, el tipo potencialmente ha perdido miles de dólares solo porque conseguir un anillo es "lo que se suponía que debía hacer." Algo parecido ocurre con las bodas. Una "buena boda" cuesta miles de dólares que incluyen los costos del lugar, la comida y las bebidas para todos los invitados, la música, todas las decoraciones, un vestido lujoso, etc. Todo esto lleva a que la pareja tenga que seguir las normas sociales para mantener una imagen determinada en lugar de mostrar su amor mutuo. Los anillos y las bodas glamorosas se convierten en dinero desperdiciado para complacer a los invitados y no para celebrar la unión de dos personas.

Mira, no estoy diciendo que estas cosas sean inherentemente malas ni que debas evitarlas. Compartir una buena comida o ir a un evento que les guste a ambos puede ser una gran forma de conectar con alguien, y, por supuesto, en cierto sentido es bueno ser selectivo al elegir con quién eres compatible. Pero esto se convierte en un gran problema cuando asociamos el valor de una persona únicamente con su patrimonio neto, porque en lugar de amar a una persona por sus valores morales o por su personalidad, elegimos a una pareja en función de las cualificaciones o del valor de los productos que regala. Si el chico te lleva a Cheesecake Factory, es una señal de alarma; si no está a la moda, es una señal de alarma; si prefiere gatos en vez de perros, es una señal de alarma; si votó por un político determinado o está afiliado a un partido concreto, es una señal de alarma. Esta lista detallada de cosas no define quién es una persona. ¿Y cómo podrían? Cada persona es única y compleja. Por ejemplo, puede que yo ame la Guerra de las Galaxias, pero eso no significa que me gusten todas sus películas. Me encanta la animación, pero eso no significa que me gusten todos los programas animados. Amo a mi país, pero a menudo no estoy de acuerdo con sus decisiones y con su gente. Cuando vemos a las personas como un artículo en Amazon, no vemos a la persona real, no amamos a la persona por lo que es sino por la idea que tenemos de ella.

Aquí es donde entran en juego las citas en línea. Desde mi punto de vista, hay dos grandes problemas con este asunto. Primero, las aplicaciones que las crean se aprovechan de la soledad de las personas para obtener beneficios económicos. Un estudio de Business off Apps sugiere que en 2024 las aplicaciones de citas en línea generaron $6.180 millones de dólares en ingresos. ¿Cómo ganan tanto? La principal entrada de dinero es a través de las suscripciones, ya que ciertas funciones de las páginas están bloqueadas y debes comprar un plan de suscripción o debes hacer otro tipo de pagos extras para desbloquearlas. Tinder, por ejemplo, bloquea la posibilidad de búsquedas ilimitadas, perfiles potenciales o acceso a parejas compatibles. Hinge tiene una sección de pago llamada Destacados que marca perfiles de personas con posibles coincidencias, pero, para conectar con ellos necesitas comprar una moneda digital llamada Rosas. Otras funciones incluyen búsqueda sin anuncios o la posibilidad de ver quién ha dado un 'me gusta' a tu perfil.

Si alguno de ustedes ha jugado a videojuegos, sabrá lo molesto que esto puede resultar. Sin embargo, quizás en este caso es peor porque la mentalidad es que, si quieres tener más posibilidades de encontrar el amor, tienes que pagar para desbloquear estas funciones. Probablemente, estas empresas también vendan tus datos personales para obtener más ingresos. Así que, terminas ofreciendo tu información más íntima a empresas que buscan obtener beneficios y, que, en el proceso, hacen que poco a poco pagues más, solo por tener la oportunidad de encontrar el amor. Si has estado buscando a alguien toda tu vida y aún no has tenido suerte, entiendo perfectamente que estes tan desesperado como para pagar por desbloquear estas funciones.

Por supuesto, no tiene sentido que estas empresas intenten encontrarte una pareja para toda la vida, porque eso significaría perder clientes, por esa razón utilizan tácticas como las que se usan en los casino para engancharte a la aplicación tanto como sea posible. Mi teoría es que intentan impulsar la cultura del romance casual para tener clientes que regresen frecuentemente a buscar pareja. O peor aún, siguen alimentando la mentira de que tu pareja de toda la vida "está a una búsqueda más de distancia", así que no paras de buscar con la esperanza de encontrar una pareja que quizás nunca llegará. Estar soltero o participar en la cultura de las citas informales es rentable para estas empresas. Claro, anuncian una que otra historia de éxito para mantener su imagen, pero dejarte encontrar una pareja les significa perder un cliente recurrente. Utilizar el amor y la soledad de las personas de esta manera es algo absolutamente repugnante y debería ser señalado.

Pero, el problema aún mayor es cuánto nos mercantilizan estas aplicaciones. Ya hemos hablado de cómo las citas están intrínsecamente ligadas al valor económico, pero poner esto en un formato en línea aumenta el problema original. ¿Cómo es eso? Piénsalo, ¿cómo están diseñadas estas aplicaciones? Un perfil tiene una imagen, una descripción de la persona, una forma de darle me gusta al perfil, y normalmente viene acompañado de algún tipo de eslogan, que algunas veces puede ser algo divertidos, y otras veces son simplemente preguntas específicas para iniciar una conversación. A menudo, te muestran varias imágenes para entender mejor la personalidad de quien está detrás del perfil. Si no te gusta nada de este perfil, deslizas a la izquierda. ¿Te suena de algo? El estudio de Relationshopping afirma que "La funcionalidad y el diseño de los sitios de citas en línea animan a los participantes a asumir una orientación de mercado en la experiencia de la búsqueda de citas."[4] Las compras en línea funcionan de manera muy similar. Tienes la imagen principal del artículo – a menudo vistas desde diferentes ángulos – una descripción del producto, el eslogan de la empresa y una frase que valora positivamente el artículo. Si algo no te gusta del producto, puedes cambiar fácilmente a otra opción.

Tanto en Amazon como en Tinder, básicamente tienes miles de opciones que puedes filtrar, cada una con sus pros y sus contras. Con todas estas opciones, cada producto debe destacar de alguna manera, por lo que terminamos recorriendo estas aplicaciones basando nuestro interés únicamente en la imagen o en el eslogan. Básicamente, el valor de una persona depende de lo rápido que sea capaz de atrapar tu atención según lo atractivo que luzca. Para los hombres, esto es un gran problema, ya que, generalmente en estos aplicativos hay más hombres que mujeres. Esto significa, que solo los hombres más atractivos consiguen pareja mientras que el resto se van al traste. Pero en cualquiera de los dos casos, tratamos a "posibles parejas como conmensurables, medibles y comparables

---

4. Heino, Rebecca D., et al., 441

entre sí."[5] Ver a las personas como productos es peligroso en muchos sentidos, y es un formato condenado al fracaso para buscar el amor porque las personas son mucho más complejas que simples perfiles. Algunos podrían argumentar "¡en realidad no vemos a las personas así! Sabemos que estos son solo perfiles." Pero cuando este formato se nos muestra constantemente como opción, este concepto empieza a conectarse y a hacerse real en nuestro cerebro. Aunque nunca he usado aplicativos de citas, es algo que me desagrada. En el pasado, he eliminado automáticamente cualquier posibilidad de tener una relación con ciertas personas simplemente por cosas superficiales como el color del tinte de su pelo, sus preferencias políticas, si les gusta salir de fiesta o no. Aunque la atracción física es sin duda importante, borrar cualquier posibilidad de una relación por cosas tan básicas es bastante infantil, porque todas las personas tenemos algún problema y nadie es perfecto. Por lo tanto, no existe la pareja perfecta. Al intentar encontrar a la "mujer ideal", estoy intentando enamorarme de la idea que tengo de cómo debe ser esa persona, no de la persona en sí. Damos valor a una persona en función de sus rasgos físicos o de ciertos rasgos de personalidad, no de su posición moral. Hay cualidades inherentes en una persona a las que debemos prestar atención, como el ejemplo que mencioné antes sobre querer casarme con una mujer católica. Sin embargo, cuando consideramos estos deseos como parte de una lista de verificación barata y detallada, empezamos a ver a las personas como productos.

Pero esto no termina aquí. Al mercantilizar a otros en estos aplicativos, también nos mercantilizamos a nosotros mismos, "a través de una evaluación tangible y explícita de si nos percibimos como deseables o no, la cual es menos

---

5. Illouz, Eva.

probable que ocurra con la comunicación tradicional cara a cara."[6] En otras palabras, como estos aplicativos están diseñados de la forma como está diseñado Amazon, donde un producto tiene que destacar para merecer la pena ser probado, nos imponemos esos estándares a nosotros mismos. Si no destacamos, claramente no somos lo suficientemente atractivos, hay algo mal en nuestros intereses o hay algo intrínsecamente mal en nosotros. ¿Puedes ver por qué esto es un gran problema?

Mira, no quiero faltar el respeto a la gente que ha usado aplicativos de citas para encontrar el amor. Conozco parejas en mi vida personal que se conocieron en línea y tienen relaciones preciosas. No es imposible ni siempre poco ético encontrar amor en estos sitios, pero cuestiono lo rápido que la sociedad ha adoptado las citas en línea como parte de la vida cotidiana. Temo que esto nos aísle más y siga generando inseguridades en quienes usan estas aplicaciones, y todo simplemente para beneficio de unos pocos empresarios.

Esto me lleva a hablar de las formas más extremas de relationshopping. Últimamente han surgido algunas tendencias que se han vuelto cada vez más preocupantes. Cuando las personas se desesperan por el amor o por la conexión humana, buscan cualquier camino posible para encontrarlo, y una de ellas es idolatrar a las celebridades. Por ejemplo, muchos hombres se enamoran de creadoras de contenido en línea y gastan cientos o miles de dólares solo para que esta simplemente reconozca su existencia. Hubo un hombre que supuestamente pagó $10.000 dólares solo para abrazar a una creadora de contenido de OnlyFans. Otro hombre se tatuó la cara de la creadora de contenido Pokimane en

---

6. Heino, Rebecca D., et al., 436

su brazo, con un pie de foto que dice: "Ahora mi reina siempre puede estar conmigo." Algunos ejemplos más depravados incluyen el éxito de las campañas del agua con que se bañan Belle Delphine y Sydney Sweeney, o la de Stephanie Matto quien gana miles de dólares vendiendo sus pedos, o la de varias creadoras de contenido de OnlyFans intentando acostarse con cientos de hombres en un solo día. Al igual que a los dueños de sitios de citas en línea, señalo a estas mujeres por aprovecharse de hombres solitarios y por usar sus inseguridades para obtener un beneficio económico. Esto no es feminismo; esto es una codicia descarada.

Probablemente las formas más deprimentes de mercantilización sean la pornografía y el auge de novias creadas con Inteligencia Artificial. En ambos casos, literalmente estás buscando o fabricando a alguien que cumpla todos tus deseos. Es la persona más atractiva y con la mejor personalidad porque tú la has creado así. De entrada, hay que decir que no tendrás problemas porque esa actriz o esa persona creada por la Inteligencia Artificial parece enamorarse instantáneamente de ti. Es la mujer ideal, pero esto es un esfuerzo infructuoso porque no existe una conexión humana real. Es una fantasía, una ilusión que tú inventaste y que nunca te lograra satisfacer porque es solo una imitación del amor. Estás intentando llenar un vacío en ti que solo con el amor verdadero se puede llenar. Así que, al seguir usando porno o novias creadas con IA, sigues devaluándote a ti mismo y a los demás. Si la sociedad sigue impulsando este tipo de programas o comportamientos, nos aislaremos cada vez más y no sabremos cómo interactuar con los demás, quizá hasta el punto de que solo veamos a las personas como herramientas o artículos de compra.

Sé que la respuesta más común a estas acciones es burlarse o llamar tontas a las personas que hacen esto. Sin embargo, creo que esto no aporta nada positivo, ya que quienes se comportan así lo hacen porque sienten que no hay otra forma de encontrar conexión humana. En cambio, deberíamos orar por ellos y crear comunidades donde las personas puedan formar relaciones prósperas.

No importa quién seas, cuáles sean tus circunstancias, o lo que hayas hecho en el pasado, tú tienes valor. Cada persona que ha vivido tiene dignidad, cada persona tiene la imagen de Dios en ella, así que verla como una herramienta o un producto no solo es una falta de respeto hacia esa persona, sino que molesta a lo divino. Como mencioné antes, ver a alguien como menos que humano inevitablemente lleva a cometer horrores indescriptibles en nombre de preservarte a ti mismo. El impulso egoísta de avanzar en tus propósitos te puede llevar a hacer lo que sea necesario para cumplir ese objetivo. La mayoría empezamos con buenas intenciones, pero seguimos dejando que la sociedad y el miedo nos impulsen. Encontrar una Pieza Pareja solo para validarnos a nosotros mismos, puede, al mismo tiempo, hacernos daño y dañar a los demás. Ahora bien, existe otra forma de mercantilizar a las personas a la que quisiera dedicar un capítulo entero. Esta es, la cultura de las relaciones informales, de las aventuras o ligues.

Capítulo 4: El problema de la cultura de "la aventura" o "el ligue"

Aunque dedicaré parte de este capítulo al uso más evidente de la expresión, o, específicamente a los asuntos relacionadas con aventuras de una noche y con las citas en línea, me gustaría ofrecer un enfoque más amplio sobre lo que significa la 'cultura del ligue', y esto porque creo que los encuentros de una noche indican un problema más amplio sobre cómo vemos el amor. Quiero empezar este capítulo diciendo que, si has participado en la cultura del ligue o en cualquiera de los otros temas que aquí menciono, no te juzgo. Nadie está por encima de los demás, y desde luego yo también tengo muchos defectos. Como he dicho antes, la sociedad nos obliga a querer relaciones o situaciones románticas. No puedo culpar a la persona. Sin embargo, si queremos resolver los problemas románticos de nuestro tiempo, necesitamos llegar al fondo del asunto.

Aquí me pondré un poco teológico. Sé que esto probablemente detenga a algunas personas en la lectura de este libro, pero es importante entender mi punto de vista general sobre los problemas relacionados con cómo vemos el amor. Aclaro que estoy hablando específicamente de las relaciones heterosexuales, pero espero que esto también ayude a quienes forman parte de la comunidad queer.

Entonces, ¿qué dice exactamente la Iglesia sobre el sexo y por qué se ha convertido en un tema de conversación en nuestra cultura? Bueno, como es sabido, la explicación de este concepto empieza en el libro de la Biblia Génesis 2. Específicamente, los versículos 23-24:

"El hombre dijo:
Esto, por fin, es hueso de

mis huesos y carne de mi
carne. Esta se llamará
'varona', Porque ha sido
tomada del hombre. Por eso
un hombre deja a su padre y
a su madre y se aferra a su
esposa, y los dos se
convierten en un solo
cuerpo.

Estas frases por sí solas han dado lugar a innumerables debates a lo largo de los siglos. Sin embargo, la Iglesia siempre se ha mantenido firme en sus opiniones sobre el sexo porque este está directamente vinculado a la dignidad de una persona. El Catecismo 2334 afirma: "Al crear a los hombres 'hombres y mujeres', Dios les otorga una dignidad personal en igualdad. El hombre es un ser humano, por lo tanto, la mujer también, ya que ambos fueron creados a imagen y semejanza del Dios personal." Así que, como cada persona tiene dignidad, ya que todos somos creados a imagen de Dios, violar esa dignidad es extremadamente grave no solo porque estás abusando de la vida de una persona, sino también porque es casi como violar la dignidad del propio Dios. Por eso, la Iglesia se toma tan en serio el pecado sexual. Contrariamente a lo que muchos enseñan sobre esta doctrina, el sexo se supone que es un acto sagrado. En muchos sentidos, puede ser uno de los actos más sagrados que puedes hacer, *si* lo haces en el contexto adecuado. ¿Cómo puede ser eso cierto cuando tantos representantes cristianos han hablado tan firmemente en contra del sexo? Bueno, el Catecismo ofrece algunos párrafos interesantes que explican esto. El

Catecismo 2361 dice, "La sexualidad, mediante la cual hombre y mujer se entregan mutuamente a través de los actos que son propios y exclusivos de los cónyuges, no es algo simplemente biológico, sino que concierne a lo más íntimo del ser. Solo se realiza de manera verdaderamente humana si es parte integral del amor por el cual un hombre y una mujer se entregan totalmente el uno al otro hasta la muerte". Otra parte que me gusta viene del Catecismo 2364, que dice, "La pareja casada forma la unión íntima de vida y amor establecida por el Creador y gobernada por sus leyes; Está enraizada en el pacto conyugal, es decir, en su consentimiento personal irrevocable. Ambos se entregan de forma definitiva y total el uno al otro. Ya no son dos, a partir de ahora forman una sola carne."

Básicamente, estos párrafos dicen que el sexo es importante porque a través de el expones las partes más vulnerables e íntimas de ti mismo. Es una expresión tan profunda de amor, que te entregas por completo a ti mismo para ofrecer paz, felicidad y seguridad ilimitada a otra persona. Se podría argumentar que es una de las formas más elevadas de amor, un símbolo perfecto del pacto de Dios con nosotros y del sacrificio de amor que Él nos da. Dios *es* amor, por lo tanto, cuando tomas el amor y lo usas únicamente para gratificación personal, eso es una bofetada a todo lo que Dios representa. Le quitas la dignidad a una persona porque usas su vulnerabilidad como una herramienta sencilla para deseos egoístas. Es esencialmente una violación del amor mismo (y, por tanto, de Dios) porque has convertido la propia representación del amor en un juego para disfrutar superficialmente. Si entregas tu cuerpo tan a la ligera, ¿qué estás diciendo sobre ti y sobre los demás? Básicamente afirmas que el propio ser de una persona es un objeto subhumano usado para la gratificación personal. Y esto es un asunto grave.

Por todas las razones que he expuesto, no apruebo el sexo antes del matrimonio. Sin embargo, no es realista asumir que todo el mundo lo hará. Desde luego no es fácil hacerlo y yo mismo he tenido dificultades con la castidad, pero utilizo la visión de la Iglesia sobre el sexo para demostrar por qué es importante tomar la sexualidad y las relaciones en serio, ya que, al hacerlo, estamos, a fin de cuentas, tratando con la dignidad de las personas. Todo esto me lleva a hablar sobre el enorme problema que representa la cultura del ligue. Antes de adentrarme en el uso tradicional de la expresión, me gustaría ampliar la definición de lo que, para mí, es un encuentro casual. En este capítulo, definiré un 'encuentro casual' como una situación romántica en la que el único o principal objetivo es el beneficio o la gratificación personal. Esto es bastante vago, y es intencionado. Como ya habrás notado, esta definición tiene mucho que ver con lo que explicó Daniel Sloss con el Defecto del Rompecabeza. Con esta definición, si buscas pareja únicamente por tu beneficio, estás participando en una cultura de encuentros casuales. Creo que, lamentablemente, la mayor parte de nuestra cultura funciona con esta mentalidad y puede incluir una amplia variedad de aspectos, muchos de las cuales ya hemos comentado. Si sales a citas románticas solo para quedar bien, eso es cultura del ligue; si tienes encuentros de solo una noche y solo por diversión, eso es cultura del ligue; si consigues parejas en Tinder para validarte, eso es cultura del ligue. Las cosas se complican un poco con las relaciones largas, ya que en ese momento los implicados pueden llegar a quererse uno al otro. Sin embargo, en este momento también pueden surgir algunos asuntos como, por ejemplo, las fiestas swing, la poligamia y las infidelidades, los cuales también son ejemplo de la cultura del ligue porque el objetivo es el disfrute personal. No estás realmente entregado a alguien si te estás entregando a varias personas a la vez. Y, por último, interactuar con alguien pensando en el Defecto del Rompecabezas podría también considerarse cultura del ligue dependiendo del contexto.

El mayor argumento en defensa de la cultura del ligue es que para poder establecer relaciones románticas "necesitas experiencia." Si lo vemos de esa manera, estaríamos tratando a las relaciones románticas con los mismos parámetros con los que se tratan las carreras profesionales. En algunos aspectos, esto tiene sentido, ya que las primeras citas románticas son algo así como entrevistas para medir si eres compatible o no con la otra persona. Los trabajos y las relaciones que las personas tengan determinan, de alguna manera, la forma como cada una de ellas funciona. Al igual que en el matrimonio, uno espera estar en la misma industria hasta que se jubile, y cuanto más tiempo estés en una industria o en una relación, más habilidades adquieres para mantenerlas. Tanto las relaciones como los trabajos pueden ser difíciles y entre más habilidades tengas, más fácil se te hará mantenerte en ellas. La conclusión más fácil es que necesitas experiencia tanto en las relaciones de pareja como en el trabajo. Al fin y al cabo, cuanto más alta sea tu posición en una empresa o más técnico seas, más habilidades y conocimientos necesitarás adquirir para desempeñar correctamente tu trabajo. Y para adquirir esas habilidades o dominarlas, necesitas practicar porque la práctica hace al maestro, ¿verdad? Sin embargo, usar esta mentalidad para las relaciones es problemático y volvemos a nuestro problema original de mercantilizar a alguien para nuestros objetivos. Una persona se convierte en un blanco de práctica para entender mejor el amor, y si fallamos, simplemente cortamos con la relación y seguimos adelante.

Creo que la razón por la que algunas personas dan este consejo es porque han tenido malas experiencias con las citas románticas en el pasado y piensan que la razón por la que su relación funciona ahora es porque han aprendido de sus errores en una relación anterior, así que, la conclusión es que necesitaban tener esa experiencia previa para que su relación actual funcionara. Esto es muy comprensible y no quiero juzgar a nadie por sus experiencias vividas. Sin embargo, en mi opinión, esto es un mecanismo de defensa para justificar males pasados. ¿Necesito quemarme la mano para saber que tocar un horno caliente es malo? ¿Necesito que me den un puñetazo para saber que pelear causa dolor? Las probabilidades de que lo hagas bien a la primera probablemente sean bajas, pero eso no significa que debas pasar por varias relaciones para amar de verdad.

Déjame darte algunos ejemplos para aclarar este concepto. Un consejo que me han dado es que no debería casarme con la primera chica con la que salga. Esto con el propósito de entender mejor quién eres y de que, cuando conozcas a tu pareja, estés preparado para afrontar el matrimonio. Básicamente, este consejo implica que inevitablemente habrá grandes problemas en tu primera relación, por cosas como incompatibilidad, el conocer a una persona inestable o el tener ciertas preferencias que tu primera pareja quizás no comparta contigo (en ocasiones, no se pueden identificar esas preferencias hasta que estas en una relación). Desde un punto de vista estadístico, esto puede parecer fácil de entender ya que las probabilidades de que conozcas a alguien a la primera, con una compatibilidad casi perfecta son extremadamente bajas. Sin embargo, supongamos que yo, o cualquiera que nunca haya salido con alguien, toma este consejo en serio y empieza una relación sabiendo en el fondo que va a terminar, estaría usando a esa persona únicamente para mejorar *mis* habilidades y para *conocerme mejor*, me estoy preparando para *mi* futuro. ¿Podemos entender por qué esto es un problema? No estás aprendiendo a querer a alguien, estás construyendo un currículum. Estás usando a alguien para beneficio personal, le muestras a esa persona una o dos de tus habilidades y la tiras cuando te resulta incómoda. Eso no es amor. Puede que ni siquiera entres en esa relación con malas intenciones, pero si dejarla es el objetivo final, no estás dando tu vida por ello. De igual manera, la gente suele soltar la misma retórica cuando se trata de encuentros sexuales. "Necesitas práctica para asegurarte de que tu futuro cónyuge lo disfrutará." "Tienes que saber lo que te gusta." De nuevo, esto es solo autopreservación porque te preocupas por la idea de que tu posible pareja se vaya y cómo te *hará* sentir eso. Preocuparse de si eres lo suficientemente bueno en la cama es egoísta porque el objetivo del sexo es renunciar a todas tus vulnerabilidades e inseguridades para dar vida a tu pareja, y estas preocupaciones no serían un problema si ni tú ni tu pareja han tenido sexo antes, porque no tendrían nada con qué compararse. Sí, el sexo se supone que debe ser agradable, pero si realmente amaras a tu pareja no debería importar "lo buena que sea en la cama" porque amar a alguien es amarle completamente y aceptarle con sus defectos. Y en este caso, los fallos en el sexo sin duda se pueden trabajar.

Otro ejemplo es la convivencia antes del matrimonio. La creencia común en la sociedad es que, después de haber salido un tiempo, deberíamos irnos a vivir juntos como una especie de prueba para el matrimonio. A primera vista, esto tiene sentido, ya que hay cosas que no necesariamente sabrás de una persona hasta que vivas con ella. Cosas como las rutinas higiénicas, lo desordenada o no que pueda llegar a ser, la temperatura a la que le gusta dormir, los ronquidos y un sin fin de otras cosas que podrían causar conflictos. En cierto modo, es comprensible que una persona quiera mudarse con alguien para conocerle mejor. Al fin y al cabo, ¿no es eso de lo que trata salir con alguien? Sin embargo, surge un gran problema con esto. Según muchos estudios, convivir antes del matrimonio se correlaciona con una mayor probabilidad de divorcio que quienes esperaron hasta casarse. Un estudio de Michael J. Rosenfeld y Katharina Roesler encontró que, aunque la convivencia puede ayudar a los recién casados a adaptarse de forma práctica a la vida matrimonial, los efectos a largo plazo acabarán perjudicando o terminando con el matrimonio. Hay bastante investigación sobre este tema que puedes consultar en internet, pero el consenso general parece coincidir con los hallazgos de Rosenfeld y Roesler. Es importante señalar que correlación no es igual a origen, por lo que esto no significa que la convivencia antes del matrimonio sea un predictor automático del divorcio. Sin embargo, esto apunta a una verdad mayor sobre los problemas de la convivencia y otros hábitos en las citas románticas.

Entonces, ¿por qué pareciera que convivir provoca mayores tasas de divorcio? Como ya he mencionado antes, se supone que la convivencia es una extensión de las citas románticas, ¿no? Bueno, todo esto nos lleva nuevamente al problema de ver las relaciones de la misma forma como vemos las carreras profesionales. Si me mudo con una chica "para ver si la relación funciona", voy con la mentalidad equivocada, porque en el momento en que las cosas se ponen difíciles o no me gusta una parte fundamental de mi pareja, es fácil recoger mis cosas e irme. Tienes la opción de irte cuando quieras porque no hay consecuencias económicas ni hijos de los que preocuparte. Sin embargo, trasladar esto a un matrimonio es extremadamente problemático porque tendrás la misma mentalidad de querer irte cuando las cosas no salgan como quieres. Esto no es amor, es autopreservación. El amor no se supone que sea tóxico ni agotador para la vida, pero tampoco se supone que sea fácil. El matrimonio es difícil. Inevitablemente, la vida te pondrá dificultades, pero amar a alguien es amarle incondicionalmente, aceptándole con sus defectos e imperfecciones.

Con todo esto, no quiero decir que seas una persona terrible si has hecho alguna de las cosas que he mencionado o que tu relación está condenada al fracaso. Salir con otras personas está bien e incluso puede ser bueno para buscar compatibilidad. Pero por eso es tan importante conocerte y sentirte cómodo contigo mismo antes de salir ahí fuera y que puedas tratar a cada posible pareja con dignidad y respeto. Después de muchos años reflexionando fuera del mundo de las citas románticas, creo saber lo que me gustaría en una pareja y lo que sería bueno para los dos. Quién sabe si mi primera relación será buena. Quizá cometa errores y tenga que seguir adelante, pero, desde luego que me gustaría intentarlo. Para mí es muy importante tratar a cada persona, sin importar la situación, con la máxima dignidad, porque las personas no son objetos, son templos del Espíritu Santo.

Capítulo 5: La madriguera del conejo Incel

Con el auge de las redes sociales, hemos visto un preocupante aumento de la brecha entre hombres y mujeres, lo cual ocurre por factores que comentaré en breve. Con este auge surge un rincón oscuro del Internet conocido como 'La Manosfera'. Este es un espacio que promueve una práctica muy extrema de los roles de género tradicionales donde los hombres son dominantes y las mujeres sumisas. De un lado, se supone que los hombres deben estar en buena forma física, ser ricos y estoicos. "Un macho alfa." Cualquier cosa menos de eso, es lo que se conoce como un "beta macho", alguien considerado cobarde o débil. Del otro lado, en el mejor de los casos, las mujeres son vistas como posibles esposas cuyo único papel es convertirse en madres, y en el peor de los casos, son vistas como infieles malvadas que solo se preocupan por sus propios intereses. Recientemente, ha surgido un espacio similar para la mujer conocido como 'la Womansfera', pero, dado que solo conozco la experiencia masculina, únicamente hablaré de la Manosfera.

Un término despectivo que se utiliza para definir a los hombres que interactúan en la Manosfera es 'Incel'. Los hombres llamados así suelen ser vistos como cerdos egoístas que solo ven a las mujeres como objetos sexuales. Considero que este término está siendo mal utilizado, razón por la cual, creo que es importante comprender la historia de cómo surgió. En 1997, una estudiante universitaria canadiense a la que solo conocemos como Alana creó una página web llamada "Proyecto de Célibe Involuntario de Alana".[1] Alana quería crear un

---

1. Nota: la página original ya no existe. Alana ha relatado su historia en un blog titulado

espacio seguro para quienes experimentan deprivación sexual o romántica debido a limitaciones sociales, enfermedades mentales, o marginación. No es que estas personas no quieran tener relaciones románticas, sino que debido a muchos factores sociales (tanto los que he comentado como algunos que comentaré en breve) no han tenido éxito encontrando el amor. De ahí proviene el término. Las personas que se encuentran en una situación similar son 'célibes involuntarios' o 'Incel' para abreviar. Según esta definición, probablemente yo sería considerado un Incel. Siempre he buscado el amor, pero no he tenido éxito encontrándolo. Estoy esperando el matrimonio para tener sexo, pero se podría decir que soy célibe involuntario respecto a las relaciones románticas.

Si nunca has tenido suerte con el romance y el mundo te culpa, puedes caer en una burbuja de autocompasión y soledad de la que puede ser extremadamente difícil salir. Hay una gran sombra de desesperación porque con cada intento fallido las posibilidades de encontrar el amor parecen cada vez menores, hasta el punto de que incluso intentarlo parece inútil. He tenido esta mentalidad tantas veces en mi vida y he tenido esas mismas creencias y miedos, que por eso siento empatía por las personas que se involucran en la cultura Incel, y aplaudo a Alana por intentar crear un espacio seguro para que personas afines puedan desahogar sus frustraciones y encontrar una comunidad que les ayude con su soledad.

Sin embargo, después de que Alana abandonara la web, las cosas tomaron un giro siniestro. Poco a poco, el espacio se convirtió en un lugar para lucrarse

---

Love, Not Anger, aunque desde noviembre de 2019 el proyecto ha dejado de estar activo.

con la soledad y la inseguridad de estos jóvenes. Los gurús machos alfa y los médicos del amor vieron un mercado para "ayudar a estos hombres" y crearon programas para "arreglarlos". Uso comillas porque la realidad es que estos programas utilizan creencias depravadas sobre las mujeres y sobre "cómo conseguirlas". Esto generalmente implica comportamientos manipuladores que, en algunos casos, desafortunadamente conducen a la violación. Para muchos, el objetivo es tener sexo con el mayor número posible de mujeres sin importar cómo suceda. Por ello, las mujeres se reducen a objetos sexuales que deben ajustarse a los deseos de los hombres. A menudo se considera que las mujeres son infieles o cazafortunas por el simple hecho de ser mujeres. Para alguien que no haya vivido la experiencia, podría parecerle obvio que estas son estafas depredadoras que promueven ideologías peligrosas, pero como alguien que ha lidiado con la vida amorosa moderna y ha tenido poco éxito en ella, me parece obvio qué muchos terminen uniéndose a estas creencias.

Por lo tanto, ¿cuáles son algunas de las razones por las que los hombres podrían sentirse atraídos por la Manosfera? Bueno, ya he descrito extensamente cómo la sociedad impulsa las relaciones de forma poco saludable. Si constantemente te dicen que necesitas estar en una relación para ser feliz, y no puedes estar en una y además te culpan por ello, entonces vas a buscar algo que cambie esa situación. En cierto sentido, la sociedad nos pone en el papel de prisioneros, y quienes están lo suficientemente desesperados creerán cualquier cosa para escapar. En segundo lugar, creo que el feminismo moderno ha jugado un papel en la radicalización de los hombres jóvenes. Por un lado, muchas feministas sueltan retórica anti-machistas, y dicen cosas como: "no necesitamos a los hombres", "detengan la masculinidad tóxica" o "los hombres son el problema". La respuesta general que dan estas feministas es que los hombres necesitan ser más emocionales o buscar terapia. Sin embargo, cuando muchos jóvenes han intentado hacer eso, han recibido críticas de las mujeres precisamente por hacerlo. "Un hombre de verdad, es rico, está en forma y no llora." "Los bajitos son malos." "mostrar debilidad significa que el tipo es problemático." Para muchos jóvenes, incluyéndome a mí, este tipo de retórica se vuelve muy confusa rápidamente porque nos quedamos intentando averiguar qué demonios quiere realmente una mujer. Los hombres no son lo suficientemente emocionales, pero no deberían llorar; necesitan "encanto", pero hacer cumplidos a una mujer es misógino; la masculinidad tóxica es el problema, pero tienen que ser atractivos y ricos según los estándares convencionales. Esto es un problema enorme.

La conclusión a la que muchos han llegado es que solo el uno por ciento de los chicos puede tener éxito en el romance. Como mencioné en el capítulo de buscando pareja o Relationsshopping, esto se confirma en parte en sitios de citas donde solo los hombres más atractivos tienen éxito. Y cuando muchos de los programas que se publican son proyectos como la película de Barbie o She Hulk —proyectos que culpan a los hombres por todo—, entonces se vuelve muy fácil empezar a sentir resentimiento hacia las mujeres. Empieza a parecer que a las mujeres solo les importan cosas superficiales como el estatus del hombre o su patrimonio neto. Para que quede claro, no es así como veo a las mujeres ahora, y creo que esta es una filosofía peligrosa, pero como un joven estudiante de secundaria que no tuvo ningún éxito con las citas, fue mucho más fácil culpar a las mujeres que intentar ser mejor.

Una vez que un hombre ha llegado a esta conclusión, la solución es tan simple como usar la 'black pill' o la 'red pill'. A la cultura Manosfera le encanta usar la Matrix como analogía. La sociedad es la Matrix, y está en contra de los hombres. Estos son invisibles y están destinados a fracasar a menos que tomen la pastilla roja y se separen de la sociedad y sus normas. Los chicos que están solos buscan respuestas sobre por qué no han tenido éxito en el amor, y cuando se encuentran con un creador de contenido que mal explica la razón, comienzan a entrar en la madriguera del conejo. Ahora bien, lo que implica exactamente pertenecer a la Manosfera es una línea difícil de definir porque abordar estos problemas de los hombres no significa necesariamente estar en la esfera, sin embargo, hay varias formas sutiles de entrar en esa madriguera. Jordan Peterson es un ejemplo de esto.

Quizá hace cinco o diez años, Jordan Peterson era lo que yo describiría como un filósofo moderno que utilizaba mucha historia y analogías interesantes para explicar el por qué y cómo funciona el mundo. De vez en cuando, solía hablar de temas como el problema de las políticas de identidad y la "crisis de la masculinidad". Estas son cosas que yo, al igual que muchos otros hombres, hemos analizado, por lo que nos hemos identificado con sus opiniones. Por eso, ha formado una gran audiencia de jóvenes que disfrutan de sus vídeo clases donde simplemente explica algunos asuntos usando ciencia e historia. Irónicamente, dijo en un vídeo que en realidad piensa que es horrible que sean principalmente hombres los que vean sus vídeos porque a) confirma su teoría sobre la crisis masculina moderna, y b) porque le gustaría que todos saquen algo de su forma de pensar. Aunque no considero que el sea parte de la cultura de la Manosfera, creo que sus pensamientos sobre salir con alguien y el estar en "contra de una agenda progresista" podrían llevar a algunos de los hombres que escuchan sus clases a entrar en esa madriguera de conejo. Esto lo baso únicamente en algoritmos que llevan a los que lo ven, a encontrar contenidos similares que los podría volver más extremos en sus opiniones sobre la masculinidad. En tiempos recientes, siento que Jordan Peterson ha ido alimentando poco a poco esa ideología, hasta el punto de que su libro *reciente We Who Wrestle With God* parece argumentar que la empatía hacia las mujeres es un problema. Te invito a leer el libro para que saques tus propias conclusiones, pero aun así parece que por desgracia se ha vuelto más extremo en cuanto al "anti-progresismo" y a la masculinidad edificante.

Otro punto que considerar son los incontables canales de YouTube que "luchan contra la agenda progresista de Hollywood". Solía seguir algunos de estos canales porque, al igual que a otros, me molestaba el hecho de que las películas y series de la época parecieran preocuparse más por el activismo político que por la narrativa en sí. Sin embargo, lo que antes era una buena forma de señalar decisiones absurdas, se convirtió de pronto, en una cámara llena del eco de gente que odia todo y constantemente. Aunque entiendo perfectamente de dónde viene esa ira, estos canales se han radicalizado tanto que pareciera que cualquier película con una protagonista femenina o perteneciente a una minoría es un problema. Cualquier proyecto con la más mínima referencia política se interpreta como un ataque de los hombres contra los que hay que luchar. Esto empieza a mostrar la naturaleza militante de la Manosfera. De nuevo, volvemos a la analogía de la píldora roja. Esto puede llevar a un camino de autodestrucción en el que empiezas a odiar todo lo que está fuera de cierto marco, en este caso al hombre blanco heterosexual. Aunque es difícil decir si estos canales de reseñas se consideran estrictamente parte de la Manosfera, lo que está claro es que esto puede convertirse en un camino fácil hacia programas o estafas más destructivas.

El mejor ejemplo de esto que trato de explicar es Andrew Tate, un creador de contenido muy popular y conocido por promover los roles de género tradicionales y usar la analogía de Matrix. Tate lo ha conseguido a través de innumerables vídeos en redes sociales y programas promocionales para "hacerse rico rápidamente". Los hombres solitarios comparten sus opiniones porque Tate es una de las pocas personas que expresan con claridad la frustración que ellos están sintiendo. Estos hombres creen que Tate tiene las respuestas dada su riqueza y su carisma. Sin embargo, Tate utiliza esta desesperación para estafar a sus seguidores y volverlos fanáticos de sus programas. Aunque estos pueden contener información útil, estos programas suelen estar diseñados para que los seguidores de Tate sean clientes perpetuos y que nunca puedan irse. Son reprendidos por abandonar el programa o por alzar la voz en contra de sus creencias. La mayor parte del contenido de este programa es gratis en otros sitios, o es considerado inútil o peligroso. Uno de esos programas se llamaba el doctorado o 'Grado de Pimpin Hoes'. En este programa, se enseñaba a los hombres a usar tácticas manipuladoras, a menudo asociadas con métodos de trata sexual como el método Loverboy. Esta es una táctica engañosa en la que las personas son manipuladas para entrar en una relación. Pareciera empezar como algo normal cuando el controlador muestra empatía y le da a su pareja innumerables regalos y promesas de una vida mejor. Sin embargo, una vez que una mujer se encariña con esta relación, queda atrapada. El 'novio' empieza a controlar a su pareja mediante el aislamiento, amenazas de violencia y otras formas de manipulación emocional para hacer que su pareja dependa de él.

Andrew Tate y su hermano supuestamente participaron en un esquema de trata de personas, así que no sorprende que Tate enseñe esta táctica. Desafortunadamente, es solo uno de los muchos creadores de contenido que utilizan estas estafas para aprovecharse de los jóvenes. [2]

De adolescente, desesperado por una novia o por atención física, estos gurús machos alfa resultaban tentadores. Con todas esas fotos rodeados de coches lujosos y mujeres atractivas, pensaba que, claramente, estaban haciendo algo bien. Si pudieran contarme "los secretos para ligar", quizá dejaría de sentirme tan perdido. Si estos doctores del amor me enseñaran las tácticas que usa todo hombre exitoso para conseguir mujeres, quizá por fin pudiese encontrar a mi Pieza Pareja, quizá dejaría de sentirme tan inútil.

Este es un camino peligroso. Utilizar estos comportamientos controladores para buscar hombres solitarios y enseñarles formas de violencia contra las mujeres es repugnante y reprobable en todos los niveles morales. Por eso es tan importante quererse primero y evitar la mentira de que necesitas estar en una relación para ser feliz, porque no hacerlo te puede llevar por un camino destructivo. Ha habido casos de hombres que se consideran Incels disparando abiertamente a personas inocentes como venganza por haber sido rechazados. Uno de los ejemplos más famosos fue el de George Sodini. En agosto de 2009, George Sodini, de 48 años, se metió en un LA Fitness en Pittsburgh, Pensilvania. Entró en una clase de aeróbic femenino y procedió a disparar. Tres mujeres

---

Para más información sobre los planes de Andrew Tate, mira los vídeos de Coffeezilla, que están listados en la bibliografía.

murieron, otras nueve resultaron heridas, y el tiroteo terminó con George Sodini quitándose la vida.

Durante décadas, acumuló mucho resentimiento por sus fracasos en el mundo de las citas románticas. Sodini compró un programa que, en teoría, ayudaba con las citas románticas (muy probablemente una estafa depredadora), pero no tuvo suerte con él. Relataba sus frustraciones en internet diciendo: "¿Quién sabe por qué? No soy feo ni demasiado raro. Las chicas y las mujeres ni siquiera me miran en ningún sitio. A las mujeres simplemente no les caigo bien."

Otro caso similar fue el de Elliot Rodger. El 23 de mayo de 2014, Elliot Rodger cometió un ataque terrorista masivo en Isla Vista que resultó en la muerte de seis personas y de 14 heridas. Como muchos otros hombres, Elliot era socialmente torpe y tenía muy poco éxito con las citas románticas. A medida que su resentimiento crecía, escribía manifiestos y publicaba vídeos en YouTube describiendo sus frustraciones, específicamente contra las mujeres. Todo esto estalló el 23 de mayo cuando apuñaló a sus compañeros de piso y a su amigo y luego fue a una casa de hermandad con planes de quemar el edificio, pero, al no poder entrar en él, decidió disparar a tres mujeres que estaban cerca. Rodger siguió causando caos en la ciudad conduciendo y disparando o embistiendo a peatones al azar. El incidente terminó con Rodger disparándose mientras conducía, hiriendo a un ciclista que estaba en la vía y estrellando el coche con un vehículo aparcado.

Tienes que haber sido llevado a un lugar muy oscuro en tu vida para que creas que la única solución a tus problemas es el asesinato. Obviamente, las acciones de estos hombres son imperdonables en todos los niveles, pero, en lugar de reírnos de ellos o de evitarlos, deberíamos tenderles la mano para ayudarles. El mundo los ha atacado tanto que están atrapados en la oscuridad. ¿Cuántas tragedias más deben ocurrir antes de que tomemos en serio este problema? Debemos proporcionar la luz de Cristo y un sentido de comunidad a estas personas. De ese modo podremos entender realmente lo que es tener paz y amor en la vida.

Capítulo 6: El enfoque Jedi sobre los apegos

Aunque muchas de mis ideas sobre el romance provienen de experiencias y reflexiones personales, irónicamente Star Wars me ha ayudado a entender mejor mis puntos de vista. Probablemente esto se deba a que la filosofía Jedi se alinea muy bien con mi educación católica. ¡Espero que este capítulo sea divertido para los fans de Star Wars!

Hay muchas ideas y mala interpretación sobre cómo los Jedi ven las emociones y los apegos. Culpo de esto a la escritura extremadamente pobre de los preludios, ya que no explican bien lo que George Lucas intentaba decir. Esto se debe a que los Jedi a menudo parecen estoicos sin emociones y demasiado estrictos con su dogma. Sin embargo, cuando vemos las entrevistas de Lucas, tenemos una mejor idea de lo que intentaba transmitir. Empecemos con una frase de una reunión durante la producción de *The Clone Wars*: "El núcleo de La Fuerza tiene un lado oscuro y un lado luminoso. Uno es egoísta y el otro es desinteresado, y debes mantenerlos balanceados. Lo que pasa cuando vas al Lado Oscuro es que te desequilibras, y entonces te vuelves muy egoísta y te olvidas de todo el mundo y hasta de ti mismo, porque cuando te vuelves egoísta, consigues cosas, o quieres cosas, pero cuando las consigues sientes miedo de que alguien te las quite. Ya sea que quieras una persona, una cosa o algo en particular, empiezas a enfadarte, especialmente si sientes que estás perdiendo el control, y esa ira conduce al odio, y el odio lleva al sufrimiento, especialmente si has pasado todo tu tiempo temiendo perder todo lo que tienes, en vez de disfrutar la vida. Por otro lado, por la alegría extrema de dar a los demás no piensas en ti mismo, y no sientes dolor, pero esa es una experiencia efímera y, por lo tanto, estás constantemente intentando reponerla, pero, claro, cuanto más intentas reponerla, más difícil es, así que tienes que seguir subiendo la apuesta porque tienes miedo del dolor de no tener esa alegría. Ese es en última instancia el núcleo del Lado Oscuro y del Lado Luminoso de la Fuerza."

¿Cómo se traduce esto en las películas? Bueno, para convertirte en Jedi necesitas jurar no tener ataduras. La creencia es que, al aferrarte fuertemente a algo, es decir, al tener un apego, estás cayendo en el Lado Oscuro. ¿Por qué? Porque, como explicó George Lucas, el apego se convierte en obsesión, lo que lleva a un deseo egoísta de mantener el objeto de ese apego sin importar el costo. El apego puede ser a una gran variedad de cosas, y esta actitud ha dado lugar a numerosas atrocidades a lo largo de los siglos. Dinero, poder político, tierras/recursos, drogas, comida, tecnología, redes sociales y, quizás lo más importante, relaciones emocionales. Creo que a la gente le cuesta entender esto último porque nuestra conexión con las personas es una parte vital de la existencia. Al fin y al cabo, es el tema principal de este libro. Sin embargo, lamentablemente es muy fácil ver las relaciones de forma egoísta. Al querer ser felices el mayor tiempo posible, intentamos conservar la alegría de estar con los demás. Confundimos esa alegría con la mera presencia de la otra persona, cuando en realidad la verdadera felicidad proviene de sacrificar nuestras necesidades por su felicidad. Ya he hablado extensamente de cómo las citas románticas y las relaciones se transforman en una mercancía y en una extensión de nuestros deseos egoístas por mantener nuestro estado mental. Las relaciones se convierten más en lo que una persona puede hacer por nosotros, que sobre lo que nosotros podemos hacer por ella.

Por eso me encanta Star Wars, porque entiende las consecuencias del egoísmo y de cómo podemos obtener una inmensa alegría sirviendo a los demás. Los Jedi no solo tienen amigos y participan en una comunidad, sino que también ponen sus prioridades al servicio de las necesidades de la gente de la galaxia, y no en los deseos fugaces que puedan tener. Por supuesto, el camino Jedi es aplicable a cualquier tipo de apego, pero este libro trata principalmente sobre relaciones románticas, así que no me saldré del tema. Por suerte, la vida de Darth Vader es la historia perfecta para explicar precisamente este concepto.

Anakin Skywalker creció en Tatooine como esclavo. Tuvo una vida bastante dura que incluía largas y agotadoras jornadas trabajando para su amo, pero pudo aguantar todo eso porque tenía a su madre para consolarle. Cuando Anakin cumplió nueve años, el Maestro Jedi Qui-Gon Jinn visitó Tatooine y lo liberó, porque Qui-Gon creía que el joven Skywalker podría ser el Profeta Elegido quien traería equilibrio a La Fuerza. Por su parte, Anakin soñaba con convertirse en un Caballero Jedi que liberaba a todos los esclavos. Por razones ajenas al control de Qui-Gon, no pudo liberar a la madre de Anakin, por lo que este siempre estaba preocupado y quería volver a Tatooine para liberarla, pero las cosas se complicaron cuando Qui-Gon murió a manos de Darth Maul. El tiempo que Anakin vivió como esclavo, su creciente preocupación por su madre y la falta de la figura paterna que fue para el Qui-Gon, hicieron a Anakin extremadamente vulnerable al Lado Oscuro. Lo que comenzó como una misión de amor desinteresado para liberar esclavos pronto se convertiría en un deseo egoísta de obtener poder.

Cuando Anakin cumplió 19 años, se enamoró de Padmé Amidala, senadora del planeta Naboo. Esto ocurrió cuando fue enviado en una misión para protegerla de enemigos asesinos. Lo que comenzó con conversaciones tontas como "no me gusta la arena", se convirtió en una conexión muy real entre ellos. Sin embargo, Anakin empezó a tener sueños en los que su madre moría. Seguro de que la muerte de su madre ocurriría, fue rápida y discretamente a Tatooine para ver qué estaba pasando, y allí supo que había sido secuestrada y asesinada por los Tusken Raiders. Tras encontrar el cuerpo de su madre en el campamento, masacró a toda la aldea, no solo a los hombres, sino también a las mujeres y los niños. A partir de ese momento, empezamos a ver el giro de Anakin hacia el Lado Oscuro. Quería convertirse en el Jedi más poderoso, uno que liberaría a la galaxia de todo dolor imaginable, pero en cambio de eso, se obsesionó con Padmé y empezó a tener sueños en los que ella moría en el parto e hizo su misión evitar que eso ocurriera. Quería más poder, incluso sobre la vida misma. Lo que empezó como un romance incipiente se convirtió en una obsesión adictiva sobre ella. Cualquier cosa que no fuera la devoción y la vida incondicional de Padmé era inaceptable.

El Emperador tirano Palpatine vio todo esto como una gran oportunidad y se preparó para abordar a Anakin. Cuando llegó el momento, se reveló ante el cómo un Señor Sith, manipulando a Anakin para que creyera que el Lado Oscuro podía salvar a Padmé. Pensando que el Camino Jedi no podía ayudarle, Anakin se entregó a Palpatine y cambio su nombre por el de Darth Vader. A partir de ahí, ayudaría a dominar la galaxia con la esperanza de "salvarla" y de "proteger a Padmé". Sin embargo, Padmé veía todo lo que Anakin hacía y no podía apoyarle. Él iba por un camino que ella no podía seguir. Cuando Padmé rechazó a Anakin y sus acciones, él se volvió violentamente contra ella. Usó el Lado Oscuro para estrangularla con La Fuerza, lo que resultó en su muerte. A partir de ahí, Darth

Vader llevaría una vida solitaria y miserable.

Estoy seguro de que no todos nos convertiremos en dictadores por estar demasiado obsesionados con el ser que amamos, pero la historia de Darth Vader es una advertencia sobre lo que ocurre cuando abordamos nuestras relaciones románticas desde una perspectiva egocéntrica. Cuando las relaciones románticas están motivadas por nuestros deseos egoístas, nos aferramos a nuestras parejas con tal fuerza que las razones por las que entramos en esa relación desaparecen. Dejamos de dar y empezamos a tomar, dejamos de amar y empezamos a preocuparnos de que nos dejen o de que no seamos lo suficientemente buenos. El miedo es el camino hacia el Lado Oscuro y nos lleva a la ira con nosotros mismos por no ser mejores, y con nuestras parejas por no ponernos en primer lugar. La ira conduce al odio hacia ellos por no hacer lo que pedimos, y odio hacia nosotros mismos por no aferrarnos lo suficiente. El odio conduce al sufrimiento, a la violencia doméstica, al abuso de drogas, a la depresión, al acoso, a la violación y a muchos otros pecados.

No estoy sugiriendo en absoluto que todos seamos como los Jedi y renunciemos a las relaciones de pareja, pero sí sugiero que siempre seamos conscientes del *por qué* buscamos estar en una relación romántica. ¿Es porque realmente queremos amar a alguien y traer alegría a su vida? ¿O estamos intentando llenar un vacío en nuestro corazón, usando a alguien para arreglar nuestros problemas? Esta puede llegar a ser una línea borrosa, pero no verla puede llevar a una vida de dolor y soledad.

Para terminar este capítulo con una nota positiva, me gustaría concluir la historia de Darth Vader. En probablemente la escena más famosa de toda Star

Wars, el hijo de Vader, Luke Skywalker, se enfrenta a él y al Emperador en *El Retorno del Jedi*. Tras un duro duelo de sables de luz, Luke tiene la oportunidad de matar a Darth Vader de una vez por todas, pero debido al amor de Luke por su padre —y porque sabe que caerá al Lado Oscuro si lo mata— deja su sable de luz y le perdona la vida. Luke se convierte en Jedi como su padre antes que él. Enfurecido, el Emperador Palpatine lanza un rayo de La Fuerza sobre Luke. Esta tortura aparentemente interminable casi mata al nuevo Jedi. Luke grita a su padre para que le salve. En un acto final de sacrificio de amor, Anakin agarra al Emperador y lo arroja por un pozo, electrocutándose en el proceso, Esto no solo supuso que Luke salvara la vida, sino la libertad de toda la galaxia. De esta manera, Anakin se redime y aporta equilibrio a La Fuerza. El sacrificio de Anakin reconcilia al padre y al hijo, con un entendimiento y amor mutuos. Las heridas producidas al matar a Palpatine resultan en la muerte de Anakin Skywalker. Su sacrificio final de amor por Luke es exactamente el amor cristiano que todos deberíamos aspirar a tener. Luke y Anakin se amaban no porque tuvieran algo que ganar, sino porque buscaban la salvación del otro. Esta es la diferencia clave entre el amor de Anakin por Luke y el amor de Anakin por Padmé. Si todos pudiéramos aprender a amar así, si todos fuéramos un poco menos egoístas y tratáramos de ser un poco más generosos, entonces el mundo sería un lugar mucho mejor.

Conclusión: ¿Una nueva esperanza?

La verdad es que no sé a cuántas personas llegará este libro, si es que hay alguna, pero, tristemente sé, que, aunque provocase de alguna manera un cambio cultural masivo, todos los problemas de los que hablo en él, permanecerán para toda la existencia humana. No importa quién seas o dónde estés en la vida, porque incluso si eres asexual, la sociedad intentará imponerte alguna norma romántica y te veras obligado u obligada a hacerte estas mismas preguntas sobre la felicidad y las citas románticas. ¡Pero hay esperanza! Cada uno de nosotros tiene el poder de romper las cadenas que nos sujetan. Todos tenemos la capacidad de encontrar paz en el corazón en medio de las pruebas y las tribulaciones. Ya sea religión, iluminación espiritual, o autodisciplina, cada uno de nosotros tiene la clave de su propia felicidad. Solo tienes que desbloquearla.

Hagamos un breve resumen antes de cerrar el libro. En este mundo en caída todos estamos rotos. Con esa herida, todos buscamos la felicidad porque el mundo crea un vacío en nuestro corazón. Sin embargo, la sociedad nos dice que la alegría solo puede llegar cuando estás en una relación romántica o cuando tienes encuentros sexuales. Como dice Daniel Sloss, nos dicen que para completar el rompecabeza de nuestras vidas, necesitamos una Pieza Pareja como centro. Esto es erróneo porque nos lleva a usar a las personas como herramientas para nuestra felicidad. Como nadie es perfecto, nada en una relación puede darnos verdadera paz porque la gente ama de forma imperfecta, pero, como tememos perder nuestros placeres pasajeros, nos aferramos a nuestros apegos románticos. Ese miedo lleva a la ira, que lleva al odio, que termina en sufrimiento. El resultado es una serie de problemas sociales que son consecuencia de la mercantilización de las personas. Esto va desde la cultura de los encuentros casuales, citas en línea, convivencia antes del matrimonio, estafas depredadoras o, en última instancia, usar a las personas como objetos de práctica, lo que nos lleva de nuevo a nuestro problema original de intentar buscar la felicidad. Primero debemos aprender a querernos a nosotros mismos. Si no podemos hacerlo, entonces no sabremos ni tendremos la capacidad de amar a los demás. Romper con las ataduras de la sociedad y sentirnos cómodos con nosotros mismo asegura que no necesitemos a otra persona para sentirnos amados. Además, es entendiendo lo qué es el amor, de la forma como Cristo amó, cuando podremos comprender verdaderamente cómo amarnos a nosotros mismos y a los demás. Esto no es un apego egoísta u obsesivo como el que Anakin sentía por Padmé, más bien, es un amor que se sacrifica para elevar al otro. Al igual que Anakin y Luke se amaban, todos deberíamos aspirar a dar de nosotros mismos para asegurar la felicidad de los demás. Como dice 1 Corintios 13:4-8,

> "El amor es paciente, el amor es bondadoso, no es celoso, no es pomposo, no se envanece, no es jactancioso, no busca sus propios intereses, no se irrita, no guarda rencor, no se regocija de la injusticia, sino que se regocija con la verdad. Todo lo sufre, todo lo cree, todo lo espera, todo lo soporta. El amor nunca falla."

Si todos practicásemos esto dentro y fuera de las relaciones románticas, entonces nosotros y el mundo estaríamos llenos de mucha más alegría y paz interior.

¡Quiero aprovechar este momento para darles las gracias por leer este libro! He tenido estos pensamientos en la cabeza durante mucho tiempo. Mi camino hacia la paz ha sido largo y difícil, y para ser honesto, sigo en ese proceso. Escribo este libro con la esperanza de ayudar a otros a navegar las dificultades de las citas románticas en un mundo que las exige tan rudamente sin pensar en las consecuencias. Si con este libro puedo ayudar aunque sea a una persona, para mi será suficiente. Recuerda, eres querido y no necesitas estar en una relación para ser feliz. Tienes el poder dentro de ti para encontrar tu propia felicidad.

¡Dios te bendiga y que La Fuerza te acompañe!

Bibliografía

Alana. "Mi Historia con el Celibato Involuntario (My History
with Involuntary Celibacy) *Love, Not Anger*, octubre
8, 2019, https://www.lovenotanger.org/my-history-
with-involuntary-celibacy/.

Burns, Michael. "Citas en Línea: ¿Estamos en el Infierno?" (Online Dating: Are We
In Hell?) *YouTube*, subido por Wisecrack, febrero 18, 2022,
https://www.youtube.com/watch?v=-bcKRd_lfAg&t=919s.

Iglesia Católica. Catecismo de la Iglesia católica, *Segunda edición*., Conferencia
Católica de Estados Unidos, 2000.

Curry, David. "Estadísticas de las ganancias y del uso de aplicaciones de citas
(2025)." (Dating Apps Revenue and Usage Statistics), *Business of Apps*,
junio 6, 2025,
https://www.businessofapps.com/data/dating-app-market/.

"Exponiendo el engaño de las criptomonedas de Andrew Tate" (Exposing
Andrew Tate's Crypto Grift.) *YouTube*, subido por Coffeezilla, octubre 19,
2024, https://www.youtube.com/watch?v=e4UJE8XbrUs.

"Flappers." *History*, marzo 6, 2018,
https://www.history.com/articles/flappers.

Francis-Tan, Andrew, and Hugo M. Mialon. "Un diamante es para siempre y otros cuentos de hadas: la relación entre los gastos de la boda y la duración del matrimonio" (A Diamond is Forever' and Other Fairy Tales: The Relationship between Wedding Expenses and Marriage Duration). Septiembre 15, 2014.

Gelles-Watnick, Risa. " Para el Dia de San Valentin, 5 Datos Sobre los Solteros Estadounidenses" (For Valentines Day, 5 Facts about single Americans) *Pew Research Center*, febrero 8. 2023, https://www.pewresearch.org/short-reads/2023/02/08/for-valentines-day-5-facts-about-single-americans/.

Heino, Rebecca D., et al. "Relationshopping: Investigando la metáfora del mercado en las citas en línea" (Relationshopping: Investigating the Market Metaphor in Online Dating) *Journal of Social and Personal Relationships*, vol. 27, no. 4, 2010, pp. 427-447

"Me uní a la secta de Andrew Tate y fue peor de lo que pensaba" (I joined Andrew Tate's cult and it was worse than I thought). *YouTube*, subido por Coffeezilla, agosto 1. 2022, https://www.youtube.com/watch?v=BijOF8I2t_4.

"Jigsaw." Daniel Sloss: Live Shows, season 1, episode 2, septiembre 11. 2018. *Netflix*.

Lucas, George. George Lucas explica La Fuerza: el lado Luminoso y el lado
    oscuro" (George Lucas Explains the Force: The Light Side and the Dark
    Side) *YouTube*, Subido por The Andrew K Channel, 14 octubre, 2018,
    https://www.youtube.com/watch?v=wiImoO5QkcA.

Pascal, Blaise. *Pascal's Pensées*. New York, E.P. Dutton & Co., Inc., 1958.

Picciotto, Eleonor. "La campaña publicitaria más Famosa de De Beer marcó toda la
    industria del diamante" (De Beer's Most Famous Ad Campaign Marked
    the Entire Diamond Industry) *The Eye of Jewelry*,
    https://theeyeofjewelry.com/de-beers/de-beers-jewelry/de- beers-most-
    famous-ad-campaign-marked-the-entire-diamond-industry/.

Rosenfeld, Michael J., and Katharina Roesler. "La experiencia de la convivencia
    y su asociación con la disolución matrimonial" (Cohabitation Experience
    and Cohabitation's Association with Marital Dissolution). *Journal of
    Marriage and Family*, vol. 81, no. 1, 2019, pp. 42-58.

Sakowicz, Iwona. "Cortejo Victoriano -de lo ideal a lo real- La revista domestica
    para mujeres inglesas y las reglas de etiqueta" (Victorian Courtship – from
    Ideal to Real. The Englishwoman's Domestic Magazine and the Rules of
    Etiquette) *Studia Historica Gedanesia*, vol. 14, 2023, pp. 215-227.

La Nueva Biblia Americana. Edición revisada, Editorial Católica, 2011.